乡土中国

整本书阅读
与研习手册 （修订版）

刘智清 王锡婷 主编

中华书局

图书在版编目(CIP)数据

乡土中国整本书阅读与研习手册/刘智清,王锡婷主编.—修订版.—北京:中华书局,2025.7.—ISBN 978-7-101-17110-5

Ⅰ.G634.333

中国国家版本馆CIP数据核字第2025QA5699号

书　　名	乡土中国整本书阅读与研习手册(修订版)	
主　　编	刘智清　王锡婷	
责任编辑	杨旭峰	
文字编辑	贾晰涵	
封面设计	王铭基	
责任印制	管　斌	
出版发行	中华书局	

　　　　　　(北京市丰台区太平桥西里38号　100073)

　　　　　　http://www.zhbc.com.cn

　　　　　　E-mail:zhbc@zhbc.com.cn

印　　刷	中煤(北京)印务有限公司
版　　次	2020年6月第1版
	2025年7月第2版
	2025年7月第13次印刷
规　　格	开本/880×1230毫米　1/32
	印张5¼　插页2　字数115千字
印　　数	150001-160000册
国际书号	ISBN 978-7-101-17110-5
定　　价	19.00元

本书编委会

主　编：刘智清　王锡婷

副主编：王胜男　李　楠　戚　锋　韩伟燕　尹　波
　　　　成　颖　李培培

编　委：王限婷　张世珍　陈惠莲　胡艳彬　刘伊超
　　　　牛佳音　赵莲峰　翁　盛　初黎晨　汪　楠
　　　　房春草　任　敏　刘思伯　屠琳盈　罗　冰
　　　　谭　璿　张晶晶　李倩男

序

——知难而上，沉下心来

张浩（中国社会科学院社会学研究所农村社会学研究室主任）

费孝通先生的《乡土中国》入选统编高中语文教材"整本书阅读"单元，这件事意义非凡。

费孝通先生是现代中国具有标杆意义的社会科学家，《乡土中国》是现代中国知名的社会科学作品。费先生在 1949 年前的工作可以分为三期：第一期为实地的社区研究，1939 年以英文出版的《江村经济》便是一篇调研报告；《乡土中国》隶属于第二期工作，即在实地研究的基础上开展社会结构分析，在理论上进行总结并指导实地研究；《乡土重建》的写作、出版几乎与《乡土中国》同时，在性质上却属于第三期的工作，即将中国基层社会结构及其原则"配入当前的处境里去看我们现在身受的种种问题的结症，然后再提出一些积极性的主张来，希望有助于当前各种问题的解决"（《乡土重建》后记）。

"有人的地方就有江湖"，在给高校的本科生和研究生讲课时，我常常打一个比方：在学界江湖中，费孝通先生就好比丐帮帮主洪七公，《江村经济》就是他的"打狗棒法"，《乡土中国》《乡土重建》则是他的"降龙十八掌"。在金庸先生笔下，降龙十八掌本来有二十八掌，后经大侠乔峰删繁就简、去芜存菁，留下十八掌传世。《乡土中国》与《乡土重建》各十四篇，合起来正好二十八篇。所不同的是，这二十八篇每一篇都精彩，无需另行砍去十篇。学有余力的同学，"练"过了《乡土中国》，不妨接着试试《乡土重建》，当知我所言不虚。

《乡土中国》为我们认识和理解中国传统社会提供了最好的入门途径。《乡土中国》本是费先生20世纪40年代后期在西南联大和云南大学讲授"乡村社会学"的讲稿，后以连载的方式在《世纪评论》上刊出，并于1948年由上海观察社结集出版。在这本小册子中，费先生以简洁而生动的笔触，描述了中国传统乡土社会的基本特征。我们从那个乡土社会中走出，迄今不过两三代人的时间。事实上，时至今日，我们依然在接受她的滋养，同时也受到她的羁绊。诚如费先生在本书第一章《乡土本色》中所写的那样："从土里长出过光荣的历史，自然也会受到土的束缚，现在很有些飞不上天的样子。"社会与文化是如此，家庭与个人亦是如此。费先生在晚年谈话录中就反思个人所受到的局限，表示自己"可能被乡土文化束缚住了"，他称中国是"被土地束缚的中国"，而自称"被乡土束缚的费孝通"。费先生晚年倡导"文化自觉"，就是在提示人们，要具有科学精神和反思精神，尽量客观公正地认识自身和他者各自的所长所短，唯有在"各美其美"的基础上做到"美人之美"，才能最终收获"美美与共"，实现"天下大同"。

需要指出的是，《乡土中国》虽然语句通俗、篇幅不长，但对于中学生来讲，内容却不易懂。一方面，它毕竟是学术论著，阅读难度不小；另一方面，书中描述的"乡土社会"，乡村的孩子恐怕都会感到陌生，距离城市里的孩子就更加遥远。有条件的师生，可以通过实地的田野考察，增加直观感受，作为阅读的辅助。我有一年曾在费先生访问过二十六次的江村，碰到两拨由老师带队前往参观学习的中学生。事实上，到实地去，到实践中去，正是费先生一直倡导和践行的研究方法。而最根本的，还是要知难而上，沉下心来，耐着性子，多读几遍书。正如统编高中语文教材总主编、北京大学中文系教授温儒敏先生所提示的，人年轻时要有意识地读一些"深"一点的书。"整本书阅读"环节的设计目的之一，就在于强化经典阅读，建构阅读整本书的经验，起到"厚底子""磨性子"的作用。所谓"读书养性"，读书可以帮助人祛除浮躁，培育毅力，涵养心智。

我在学生时代就深受费先生作品的影响，毕业后又到他亲手创建的学术研究机构工作至今，可以说一直受其泽被，因而一向喜欢与人讨论费先生和他的作品。2019 年 10 月，我应邀与北京二中语文教研组的老师们交流关于《乡土中国》的学习体会，那是一次愉快的经历。他们准备之充分、提问之踊跃、思考之深入、知识之广博、研讨之专业，都令我印象深刻。此次受他们嘱托为本书作序，我虽不免诚惶诚恐，却依然一口答应下来，因为我看重与他们的情谊，欣赏他们的专业水平，也相信他们是在做一件有意义的事。

是为序。

编者的话
——用适合的方法助力阅读

　　教育部统编高中语文教材必修上第五单元"整本书阅读与研讨"将费孝通先生的社会学著作《乡土中国》作为指定书目，要求学生在通读作品的基础上，"理解基本内容，并力求触类旁通，掌握学术著作的一般读法"。

　　《乡土中国》是学界公认的中国乡土社会、传统文化和社会结构理论研究的重要代表作之一，也是解读中国社会——"进一步认识我们的国家和人民"的经典著作。《乡土中国》问世已有七十余年，费先生笔下所展现的乡土生活已成为历史，时空间隔造成了读者阅读作品的障碍。其次，尽管本书文字浅显，材料鲜活，语言流畅，但毕竟是学术论著，有一定的阅读难度。学术著作关注研究过程，注重从现象中提炼概念，重视科学分析与理论阐释。阅读此类著作需要比较、分析、归纳、评价、质疑等多种思维活动的参与，要求读者有较强的逻辑思维能力。这些阅读要求，对教师而言尚且有难度，何况基本没有学术论著阅读经验的高一学生呢？再次，关于《乡土中国》的研究著述虽多，但多数学者立足于社会学、人类学领域，旨在阐发著作的理论价值，并非从语文学科出发对文本进行解读分析，因此学生研读时可借鉴的资料极为有限。第四，本书进入高中教材，必然要求教师对学生进行明确的阅读指导，怎样规划阅读过程、进行阅读引导、推进阅读进度、落实学习任务、体现阅读成果……这些是使用统编版教材的教师共同面对且迫切希望得到解决的问题，目前尚缺少较为成熟、可资借鉴的经验。

基于上述原因，我们本着实事求是的态度，从高中语文教师的视角和中学生读者的需求出发，编写了这本阅读手册，从"其人其作""章节研读""拓展阅读"和"学习任务"四部分，全方位、多层次地对《乡土中国》进行解读。

"其人其作"从整体上对作者、作品进行介绍。

"章节研读"包括"章节阅读指导""段落大意归纳""思维导图"和"词语释义"四部分，对文本进行细致研读，既从整体上对章节主要内容进行阅读引导，又具体对各段主要内容进行扼要的概括，同时也给出了整章从观点提出到阐释说明的思路框架，并对原文中的一些重点词语、专有名词、引文、概念等做了注释，希望为读者扫除一些阅读障碍。又因费先生在书中提出和运用了不少社会学概念，为便于初读者检索和理解，我们在"逐章研读"后又专门附上对重要概念进行梳理的文字、表格，同时给出了概念所在的具体语境并加以解说。

"拓展阅读"部分是这本手册的创新与亮点。阅读一本书，既要有向内的详细解读，也应有向外的延伸拓展，这是对著作价值的探寻和挖掘，也是对读者阅读思维能力的锻炼与培养。所选拓展材料与《乡土中国》的内容紧密勾连，或为原著提供文本依据，或借助原著内容对材料进行理论分析、深入阅读，或与原作进行对比思辨等。所有拓展题及答案均为编写者原创，旨在调动中学生读者的阅读热情，开阔其视野，丰富其储备，进一步提升其阅读、表达、思维和鉴赏的能力，促进其对中国传统文化和社会结构等相关问题的深入了解与认识。

"学习任务"部分结合教材，以"今日中国乡村的变迁"为主题，给出调查示例，引导中学生关注当下"问题"，学以致用。

特别感谢全体编写成员的辛勤劳动。作为语文教师，我们在自己平凡的教学岗位上勤奋努力，兢兢业业；作为"新课改"背景下的语文教师，我们紧跟时代的脚步，深思明辨，务实求真。希望我们的努力可以为中学生读者提供一些助力，为中学语文阅读教学提供一些思考。鉴于编写者水平有限，书中难免有缺漏，真诚期待读者的批评指正！

目录

其

人

其

作

《乡土中国》是中国社会学奠基人费孝通早期社会学研究的代表作。全书文笔流畅，通俗易懂，寓学理于实例之中。在这本书中，费孝通尝试回答了他自己提出的"作为中国基层社会的乡土社会究竟是个什么样的社会"这个问题。他经过实地考察，清晰严谨地分析了中国乡土社会的独特结构，为了解和改造中国乡村提供了科学依据。作为一名社会学家，费孝通不仅在本书中展现出了严谨的治学态度，他对中国乡土社会饱含深情、富于哲理的人文关怀更是令人动容。

作者小传

　　费孝通（1910～2005），江苏吴江（今苏州市吴江区）人，我国著名的社会学家、人类学家、民族学家、社会活动家，中国社会学和人类学的重要开创者。

　　1928年，费孝通考入东吴大学医学预科，1930年转入燕京大学社会学系学习，毕业后考入清华大学社会学及人类学系，攻读硕士学位，同年受梁漱溟先生之邀，到山东省邹平县参加乡村建设工作。1935年，他从清华大学毕业，成为中国本土最早获得社会人类学硕士学位的青年学者。同年，他前往江苏省吴江县庙港乡开弦弓村进行实地考察。1936年，他远赴英国留学，发表博士论文《江村经济》，1938年在伦敦大学经济政治学院获得博士学位。马林诺夫斯基教授在费孝通的博士论文序言中对这篇论文给予了高度评价："我敢预言，费孝通博士的这本书将是人类学实地调查和理论发展上的一个里程碑。它让我们注意的并不是一个小小的微不足道的部落，而是世界上一个最伟大的国家。"

费孝通一生致力于社会学、人类学研究，撰写著作数百万字。1949年前，他除了教书，还带领青年学者在农村进行长期性考察，亲历中国农村的日常生活，深入感受乡村文化。他的著作《禄村农田》与其他学者的文章共同以《云南三村》之名在美国用英文结集出版，其后又有《生育制度》和《乡土中国》等书在国内出版。这些著作系统地描述了中国普通农民的生活和乡村的治理模式，并从社会学和人类学的角度对当地的乡村社会结构进行了深入的分析和研究。在这些著作中，费孝通发表了他对中国乡村社会独到而深刻的见解，获得了中外各界学者的高度评价。

1949年后，费孝通继续从事社会学和人类学研究。他秉持早年树立的"志在富民"的理念，把学术研究和社会活动密切结合起来，通过开展区域发展战略研究，进行"国是咨询"。他先后对中国西北地区、西南地区、黄河三角洲、长江三角洲、珠江三角洲、环渤海地区、中原经济协作区、淮海经济协作区、东北地区、京九铁路沿线等地区进行实地调查，为当地的社会和经济发展建言献策。他利用一切机会接触社会变革的实际，深入探讨中国乡镇企业和小城镇发展问题、边区与少数民族地区发展问题、城乡关系问题、区域发展问题等，发表了许多具有广泛影响的论著，为推动中国的社会变革、改革开放和经济社会发展做出了重要贡献。他先后三次实地考察温州的社会经济状况，并发表了《小商品　大市场》《家底实　创新业》和《筑码头　闯天下》三篇文章，在深入调查研究的基础上，深刻解读了改革开放后温州社会和经济快速发展的现实。他三访民权，四访贵州，五上瑶山，六访河南，七访山东，八访甘肃，二十七次回访家乡江村；他研究如何帮助农民摆脱贫困、走向富裕，关心中国农村和少数民族地区的经济发展，关心农产品流通和农民增收问题，为中国农民、农业和农村经济发展做出了重大贡献。

更为重要的是，费孝通在总结其调查研究的基础上，提出并阐述了"文化自觉"的重大命题。所谓"文化自觉"，就是生活在一定文化历史圈子里的人对其文化有自知之明，并对这种文化的发展历程和未来趋向有充分的认识，也可以说是人们对文化的自我觉醒、自我反省、自我创建。费先生在八十岁生日时以"各美其美，美人之美，美美与共，天下大同"做出了对"文化自觉"历程的精准概括。

潜心阅读费老的这部著作，不仅有助于我们了解自己，从而树立文化自信，同时也为我们在当代社会环境下营建人类命运共同体打下了基础。

成书背景

《乡土中国》是费孝通创作的社会学著作，自1948年首次出版以来，广受好评，影响了几代读者。

该书的成书与中国乡村的巨变及费孝通的学术研究兴趣相关。自近代西风东渐以来，中国的乡村不可避免地走向没落。20世纪30年代，以晏阳初、梁漱溟、卢作孚等人为代表发起的"乡村建设运动"兴起，其本质正是充满爱国情怀的仁人志士对于中国乡村振兴的实践与创造。人们认识到改变乡村面貌需要先了解中国乡村的特质。

费孝通从 20 世纪 30 年代末到 1949 年前后对中国社会的研究，大致可分成两个阶段：第一个阶段是从 20 世纪 30 年代末到 1945 年，这一时期侧重"实地的社区研究"，即注重对社区经验事实的描述和诠释，与此相关的两部著作，一是《江村经济》，二是《禄村农田》。1945 年后，他更加侧重"社会结构的分析"，具体来说是中国社会的理论探讨及社会变迁的应对策略。这方面比较重要的成果，主要包括三个系列：一是对士绅的探讨，《乡民与士绅》（1946）、《皇权与绅权》（1948）和《中国绅士》（1953）等论著都属于这个系列，这些论著侧重探讨士绅在传统社会以及近代化过程中的功能转换，进而触及近代中国政治、社会体系的变动和乡村社会变迁等问题；二是对生育制度的探讨，《生育制度》（1947）就是这方面的代表性著作；三是对乡土社会的探讨，著作包括《乡土中国》及其姊妹篇《乡土重建》（1948）。可以说，在对江南和西南乡村进行实证研究之后，面对中国社会的急剧变动，费孝通迫切地感到超越社区研究、从总体上把握中国社会的必要性，并希望在此基础上评估近代中国社会的变动，提出建构新政治、社会秩序的方案，于是借讲授"乡村社会学"和写《世纪评论》稿约的契机，开始了对中国传统社会结构的深度阐释。

　　抗日战争时期，费孝通在云南大学和西南联合大学讲授"乡村社会学"课程。战后他在清华大学任教，继续讲授"乡村社会学"。1947 年暑假，《世纪评论》杂志约费孝通为之长期撰稿，并设"杂话乡土社会"专栏。费孝通将"乡村社会学"讲稿进行了整理，从 1947 年 8 月至翌年 1 月，先后发表了十多篇文章。《观察》杂志欣赏费孝通的这组文章，费孝通便应允将所发文章进行整理，调整结构后以《乡土中国》为书名纳入"观察丛书"。

《乡土中国》全书共 6 万余字，最初出版的小开版本仅有 106 页，可谓是一本小书。该书于 1948 年 4 月面世，首印 3000 册很快售罄，至 11 月重印 4 次，发行 11000 册，成为畅销书。后因时局变化而未能再版。1984 年 10 月，费孝通应三联书店的邀请写了《旧著〈乡土中国〉重刊序》，该书于 1985 年 6 月由三联书店再版。近年来，诸多出版社争相再版《乡土中国》，专业或非专业的读者覆盖社会各个领域，书籍畅销程度更胜当年。

学术价值

《乡土中国》一书篇幅不长，言简意赅。全书由十四篇文章组成，作者从乡土本色、文字下乡、权力分配、道德体系、宗法家族、性别差异、礼法规范、亲缘关系、地缘关系等方面展开思考，细致而深刻地分析了传统中国乡村社会的特点，创造性地提出了"差序格局""礼治秩序"等可以概括中国乡村社会普遍性特点的概念，指出了"横暴权力""同意权力""长老权力""时势权力"这四种乡间权力的存在，内容几乎涵盖乡土社会的方方面面。费孝通从宏观角度勾勒出了中国乡土社会的基本面貌，对中国乡土社会产生和存在的历史传统进行了精辟的分析，为人们了解和改造中国乡村提供了依据，对乡村社会问题的研究及解决具有极大的指导意义。

乡土社会：揭开中国传统社会的面纱

《乡土中国》清晰地勾勒出了中国社会的基本特征和基本结

构。费孝通通过实地考察，站在社会学、人类学角度对中国乡村社会结构进行了深入分析，提出中国社会的根本特征是"乡土性"，格外强调土地的重要性。在此基础上，人与人之间重视约定俗成的规矩，得到"从心所欲而不逾规矩的自由"，形成了中国基层社会的"乡土本色"。对中国社会的基层结构特征，费孝通则创造性地使用了"差序格局"的理论框架加以描述。他用水纹的比喻来解释所谓的"差序格局"，认为中国乡土社会的结构就如"把一块石头丢在水面上所发生的一圈圈推出去的波纹"，"每个人都是他社会影响所推出去的圈子的中心。被圈子的波纹所推及的就发生联系。每个人在某一时间某一地点所动用的圈子是不一定相同的"。社会关系是无数私人关系的叠加，社会范围是由一根根私人联系链条构成的网络。与"差序格局"相互配合、适应，乡土社会的治理方式并不是"法治"而是"人治""礼治"。乡土社会的秩序并不由强迫性的外在机制来推行，而是源于传统教化中形成的个人自觉，借由对个人"礼"的教化，构成重叠式、蛛网式的社会关系网络，形成适合整个社会的"礼治秩序"，又由此产生了"长老统治"的权力结构。从"乡土本色"到"差序格局"，从"家族"到"礼治秩序"再到"长老统治"，费孝通从宏观层面对中国传统社会的解读和思考可谓清晰透彻、入木三分。"乡土社会"的概念为更多研究者认识和理解中国传统社会结构及特征提供了指引。

▍文化自觉：理解中国传统文化的精髓

《乡土中国》体现出费孝通对本民族文化的自觉性认识，而这又恰恰基于他对传统儒家文化的深刻理解。书中《差序格局》

《系维着私人的道德》《礼治秩序》《长老统治》等篇集中谈论了民族历史文化对个人影响的深刻性。一个生活在乡土社会中的人，他接受的观念、知识以及道德规范，都是生活在相同社会环境中的前代人共同的社会经验，是整个社会世代传袭的共同的文化积淀。中国传统乡土社会建立在固定的社群基础之上，具有稳定的社会结构。在这样的社会中，儒家传统文化的力量是无处不在的，它影响了中国社会的发展轨迹，塑造了中华民族的习惯和性格，也形成了中国文化的独有特点。费孝通对中国乡土社会的理解和诠释，使他得以从更高的视角观察中国的文化模式是如何从农业和农村生活中衍生而来的，为何与亚洲乃至世界其他民族的文化迥然不同。这种文化的自觉观使他既能从情感上热爱本国的民族文化，又能理性分析乡土社会，理解中华民族传统文化的精髓，正确定位本民族文化在世界文化中的位置。

▎人文关怀：构建社会学中国化的理想

《乡土中国》充分体现了费孝通试图结合中国社会实际普及社会学思想的学术努力，更体现了他终其一生对中国乡土社会的深厚情感和人文关怀。他深深眷恋着"生于斯，长于斯"的中国社会，致力于实现"社会学中国化"的学科建设目标。实现这一目标离不开对中国社会本质问题的准确认识。费孝通对中国社会的独到观察和深刻体会，使他敏锐地意识到中国社会的本质问题就蕴藏在乡土社会中，由此形成了他对中国社会独特的结构和运行方式的精妙总结。他一生肩负着一代知识分子"志在富民"的学术使命，不断深入实地调查研究，尝试构建中国社会学的理论和方法体系，饱含着对中国社会深切的关怀。在《乡土中国》中，他将很多抽象的社会学理论放到中国社会的实际里，读者即使对社会学理论知之甚少，也能从书中获得个体化的启发，这使该书的普及程度大大增强，也推动了学术知识的平民化和大众化。

《乡土中国》虽只有寥寥数万言，但文章篇篇涉及乡土社会的关键问题，开创了中国社会学的研究范式，指引我们辨清乡土社会的真实面貌，对后人理解中国的社会结构、传统文化具有开创性意义，这是它成为名著的重要原因。而今，乡土社会的特征在现代化中国依旧存在，并在工业及后工业时代深刻而微妙地发挥着影响力。费孝通七十多年前对于中国基层社会结构的许多分析，在经济、文化快速发展的当代中国依旧没有过时。学界一致认为《乡土中国》是中国乡土社会、传统文化和社会结构理论研究的代表作，为人们了解中国社会文化的基本特性提供了重要参考，也激发青年学子在了解中国社会的基础上去改造、建设中国的热情。因此，《乡土中国》被教育部统编教材列为指定必读的课外读物。这一切正如费孝通在该书的重刊序言中所说："我愿意把这不成熟的果实贡献给新的一代年轻人。这里所述的看法大可议论，但是这种一往无前的探索的劲道，看来还是值得观摩的。"

（王胜男、王限婷、张世珍、罗冰 撰）

章 节 研 读

第一章 《乡土本色》

章节阅读指导

《乡土本色》作为《乡土中国》的第一章，对全书内容具有统领性作用。"乡土"在这里指与城市、游牧部落相对的，与土地紧密相联的乡村。"本色"即事物的本来面目、性质或品质。"乡土本色"可以理解为"乡村的本质""乡村的特点"。结合首段文字看，这里的"乡村"并非指某一个具体的乡村，而是指以小农经济为基础的农业社会。作者在首段提出了全书的核心观点"中国社会是乡土性的"。

费孝通认为，要理解中国社会的乡土性，首先要从乡下人与土地密不可分的关系说起。中国拥有大量的农业人口，"乡下人"（农民）才是中国社会的根基。农民以种地为生，靠泥土生活，在泥土中创造文明，也受泥土的束缚。"土"在中国文化中占有重要的位置，农业社会的结构特点又使农民与土地密不可分。从人与土地之间的关系而言，乡村人口相对固定，极少流动；从人与人之间的关系而言，中国农民因现实的需要聚村而居。

聚村而居的居住方式产生了"地方性"的限制，使不同村落间的人互相孤立、隔膜，而村落内的人又彼此熟悉，构成了拥有独特生活习俗与生活方式的、没有陌生人的熟人社会。在这种社会中，人与人之间形成了一种与生俱来的、因时间而熟悉、因熟悉而信任、因规矩而自由的关系；人对自然物的认识也是从熟悉中获得的一种个别的经验性的认识。

基于对中国社会乡土性形成原因及影响的分析，作者在尾段对乡土社会的发展命运进行了反思。他认为，在乡土社会向现代社会迈进的过程中，乡土生活中原有的人际关系和生活方式会逐渐产生弊端，阻碍其自身的发展。

段落大意归纳

本章共十七个自然段。各段段意如下：

第一段：从基层上看，中国社会是乡土性的。土头土脑的"乡下人"是中国社会的基层。

第二段：我们的民族与土地分不开，既在土地上创造过光荣的历史，也受土地的束缚。

第三段："土"在我们民族文化中占有重要地位。

第四段：农业直接取资于土地。土地不能流动，农民也很少流动。

第五段：农民黏着于土地，人口相对固定是乡土社会的特性之一。

第六段：即使因为繁衍迁移出去，农民依然会与土地保持密切关系。

第七段：不同聚居社区间是孤立和隔膜的。

第八段：中国农民大多聚村而居的特点对中国乡土社会的性质有重要影响。

第九段：中国农民聚村而居的原因。

第十段：村落之间相对孤立、隔膜，乡土社会的生活富于地方性。

第十一段：地方性的限制使村中人彼此熟悉。乡土社会是熟悉的、没有陌生人的社会。

第十二段：受土地束缚的乡民，彼此之间的关系是与生俱来的。

第十三段：在彼此熟悉的社会中，乡民拥有规矩带来的自由。

第十四段：乡土社会的信任源于对行为规矩的熟悉。

第十五段：生活在乡土中的人在漫长的时间中彼此熟悉。

第十六段：乡土社会中，人们熟悉彼此及生长环境中的事物，并从中获得个别性的认识。

第十七段：在进入现代社会的过程中，乡土社会养成的生活方式产生了流弊。

思维导图

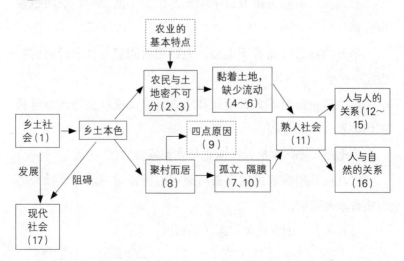

词语释义

1. **三条大河**：指长江、黄河、珠江。

2. **史禄国**：本名谢尔盖·米哈伊洛维奇·希罗科戈罗夫（1887～1939），俄罗斯人类学奠基者，现代人类学先驱之一。俄国十月革命后他移居中国，后半生有近二十年在中国度过，绝大部分著作也在中国出版。1933年收费孝通为弟子，指导他从事民族学和人类学研究，为中国民族学和人类学的发展做出了重要贡献。代表作为《北方通古斯的社会组织》。

3. **《一曲难忘》**：讲述波兰作曲家弗里德里克·肖邦真实经历的音乐电影。1821年，波兰惨遭沙俄侵略，肖邦投身革命，因触怒总督而前往巴黎避难。临行前，他的妹妹抓起一把土包好，双手捧给肖邦说："弗里德里克，这是波兰的，你永远不要忘记！"肖邦接过故乡的泥土，心中百感交集。

4. **Tönnies**：斐迪南·滕尼斯（1855～1936），德国社会学家。他认为社会学是研究人及其生理、心理和社会本质的实质性科学，并把社会学分为一般社会学和特殊社会学。代表作有《共同体与社会》《社会学引论》等。

5. **Durkheim**：埃米尔·涂尔干（1858～1917），法国社会学家、人类学家。他与卡尔·马克思及马克斯·韦伯并列为社会学的三大奠基人。代表作有《社会分工论》《自杀论》等。

6. **圈住**：此处指被局限、被限制居住在某处。

7. **契约**：指依照法律订立的正式的证明买卖、抵押、租赁等关系的文书。

8. **流弊**：滋生的或相沿而成的弊端。

（刘智清、刘思伯、任敏 撰）

第二章 《文字下乡》

继第一章提出"中国社会是乡土性的"这一核心观点后，费孝通在本章阐述了乡土社会的特质对乡下人的文字使用、语言交流产生的具体影响。

作者从"乡下人在城里人眼睛里是'愚'的"这一观念入手，分析该观点产生的原因和认识上的错误，指出乡下人只是在城市生活所需的知识方面不及城里人，这是知识问题而非智力问题，因此乡下人"愚"的说法并不成立。而且，乡土社会的环境、人际交往的特征均使乡下人没有使用文字交流的需求，因此识不识字不能作为判断乡下人愚不愚的标准。

随后，作者基于乡土社会是"面对面"的熟人社会这一特征，从文字的作用及乡土生活的语言特点这两个角度，深入分析了乡土社会不需要文字的原因。熟悉的声气、足声、气味、动作、表情等在交流中更常用、更便捷，而文字在传情达意方面有其自身的不足，有时还会妨碍交流。而且，一个社群在共同经验的基础上往往会形成共同语言，更小的群体还会有自己的特殊语言，再辅以熟悉的表情、动作，就可以形成一种不依赖于文字，而能使群体内部的交流更为有效的"特殊语言"体系。因此，乡土社会中文字作为交流工具是多余的。

尽管如此，在现代化进程到来之时，作为现代化工具之一的文字，自然有其推广的必要性。因此，作者并不反对文字下乡，而是提醒提倡者应考虑文字和语言的基础。

段落大意归纳

本章共十九个自然段。各段段意如下：

第一段：乡下人在城里人眼睛里的"愚"，是知识问题而不是智力问题。

第二段：乡下人不识字并不等于"愚"，识不识字并非判断愚不愚的标准。

第三段：城里孩子长于学业而乡下孩子善于捉蚱蜢。

第四段：与教授的孩子相比，乡下孩子因缺少识字环境而不识字，不能据此得出乡下人"愚"的结论。

第五段：乡下多文盲，是因为乡下生活本来就不需要文字。

第六段：乡土社会中的人在"面对面的社群"中成长，彼此熟识，不必使用姓名来辨识。

第七段：乡土社会是熟人社会，人们可以通过足声、声气、气味等交流，不常使用姓名。

第八段：文字的出现是为克服时空中人与人接触的阻碍。在面对面交流的社会中文字是多余的。

第九段：文字作为表情达意的工具有其缺陷，易受时空影响，需借助文法和艺术减少"走样"。

第十段：说话可借助肢体动作和表情的辅助，而不必注意文法；写作时则要尽量符合文法。

第十一段：文字是间接的说话，是不太完善的工具。

第十二段：乡土社会中，人们直接接触，有比较完善的语言，不一定采用文字。

第十三段：乡土社会中人们因熟悉而认同事物或动作所附着的象征意义，形成社群的共同语言。

第十四段：语言只能在一个社群所有的相同经验的层面上发生。

第十五段：在一个社群所用的共同语言之外，还存在少数人之间使用的"行话"。

第十六段：除"特殊语言"外，声气、表情、动作等均可作为亲密社群中传情达意的象征原料。

第十七段："特殊语言"的有效性在于它可以摆脱字句的固定意义。

第十八段：乡土社会中文字是多余的，语言也非传情达意的唯一象征体系。

第十九段：作者不反对文字下乡，而是提醒提倡者应考虑文字和语言的基础。

思维导图

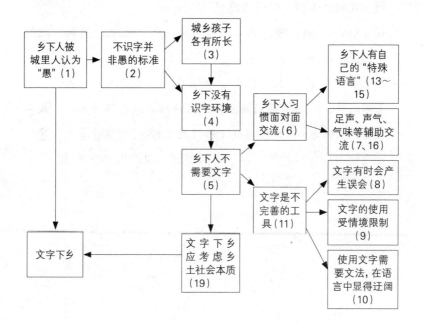

词语释义

1. **症候**：①疾病。②症状。文中词义为第二项。

2. **疏散**：①（shū sàn）〈动〉把集中的人或东西分散开。②（shū sǎn）〈形〉闲散。文中读音和词义为第一项。

3. **归有光、《项脊轩记（志）》**：归有光（1507～1571），明代"唐宋派"散文代表作家，世称"震川先生"，著有《震川先生集》等。其散文感情真挚，风格朴实。《项脊轩志》是他的一篇回忆性记事散文，全文以书斋项脊轩为线索，记录祖孙三代的生活点滴，表达对已故亲人的深切怀念。

4.**结绳记事**：指文字产生前，远古时代的人类通过在绳子上打结的方式记录事情、传播信息。

5.**圜（huán）局**：圜，环、绕也；局，促、近也。圜局，此处指周围的环境。

6.**李长吉**：李贺（790～816），字长吉，唐代诗人。诗作想象丰富而新奇，风格瑰丽而幽峭，常用神话传说来托古寓今，被后人称作"诗鬼"，代表作有《雁门太守行》《李凭箜篌引》等。

（刘智清、刘思伯、任敏 撰）

第三章 《再论文字下乡》

继《文字下乡》从空间阻隔的角度阐述乡土社会不必借助文字来交流后，费孝通又从时间阻隔的角度阐述乡土社会与文字的疏离。《再论文字下乡》一章，从个人的今昔之隔与社会的世代之隔两个方面入手，分析人跨越时间阻隔的方式方法，从而引出人跨越时间之隔最基本、最重要的方式：记忆象征体系中的"词"。

作者肯定了"词"对人类跨越时间之隔的普遍性意义后，将词的两种表现形式即诉诸有形符号的文字和诉诸无形声音的语言区分开。进而亮明观点：从时间格局的角度看，乡下人不需要文字来跨越时间之隔，他们有语言就足够了。

为了进一步展开论证，作者首先明确人类记忆的特点是依据生活需要决定记忆发展的程度。然后以老子笔下极端的乡土社会为例，阐明乡土社会生活安定、历世不移的特点，得出乡土社会中"经验无需不断累积，只需老是保存"的特点。至此，作者已经阐明，从时间格局的角度看，乡土社会历世不移的特点让乡下人需要记取的经验十分有限。之后，作者以自己写日记的经验阐明乡土社会"忘时"的生活特点，并以都市生活为对照，说明只有在多变、不定型的都市，记录工具才需要从语言变为文字，而在"传奇"只是偶然、循规蹈矩才是常态的乡土社会，仅用语言已经足够传递世代间的经验。

在文章的结尾部分，作者提出中国的文字产生于中国社会的上层——庙堂性社会，而中国社会的基层——乡土性社会一直以来都是与文字疏离、隔膜的，最后得出结论：中国社会乡土性的基层发生变化之后，文字才能下乡。

段落大意归纳

本章共十六个自然段。各段段意如下：

第一段：承接上章，表明本章将从时间阻隔的角度论证文字在乡土社会并非必需的。

第二段：时间阻隔的两方面内涵。

第三段：人通过记忆来学习，记忆的形成离不开"词"。

第四段：人并非依本能而活，人的当前是记忆的累积。

第五段：跨越社会的世代之隔，需要记忆来传承文化。

第六段：词是人跨越时间之隔最主要的桥梁。

第七段：词可以是"语言"或"文字"，乡土社会依靠语言跨越时间之隔就足够了。

第八段：记忆的特点：人依据生活需要，决定记忆的发展程度。

第九段：乡土社会有着安定、历世不移的特点。

第十段：乡土社会中"经验无需不断累积，只需老是保存"。

第十一段：以自己小学时写日记的经验引出乡土社会"忘时"的生活特点。

第十二段：乡土社会定型的生活让记忆变得多余。

第十三段：多变、不定型的都市生活才需要将语言转变为文字。

第十四段：乡土社会需要"传奇"，不需要历史，生活循规蹈矩。

第十五段：乡土社会中语言足够传递世代间的经验。

第十六段：中国的文字产生于中国社会的上层，若要文字下乡，需中国社会乡土性的基层先发生变化。

思维导图

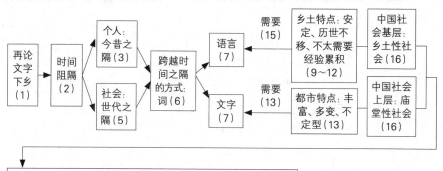

词语释义

1. **拔萃**：精选。

2. **遗业**：前人遗留下来的事业。

3. **纷繁芜杂**：多而杂乱，没有条理。

4. **鸡犬相闻，老死不相往来**：出自《道德经》第八十章："邻国相望，鸡犬之声相闻，民至老死不相往来。"意为每个人都生活在富足、祥和、宁静的世界中，交流或者不交流，来往或者不来往，对他们的生活均没有丝毫影响。

5. **黏着**：粘连在一起。

6. **荒诞不经**：荒唐离奇，不合常理。

（王锡婷、牛佳音、胡艳彬　撰）

第四章 《差序格局》

章节阅读指导

继乡下人"愚"的问题后，费孝通将关注点移至社会中普遍存在的"私"的现象上。本章中，作者借助与西洋社会格局的比较，以譬喻的方法形象地阐释了中国乡土社会的结构特点，创造性地提出了"差序格局"这一核心概念，从社会结构的角度深入分析了造成乡土社会群己界限模糊的根本原因。

文章开头，费孝通列举了中国社会普遍存在的"因私害公"现象，揭示出由此引发的公德心"被自私心驱走"的后果，从而引出从社会结构格局角度探讨"群己""人我"界限的问题。

为了阐释乡土社会格局的特点，费孝通以西方社会格局作为参照，以捆柴为喻，深入浅出地阐明西方社会"团体格局"中成员平等、界限分明等特点。然后以中西方对"家庭"界限界定的差异，引出乡土社会的社会格局特点。作者以同心圆水波纹为喻，广泛关注了乡土社会中家庭关系、亲属关系及地缘关系的特点。文章先后提出"团体格局""差序格局""个人主义""自我主义"等一系列概念，参照儒家经典中的相关论述，结合古代的伦理道德问题，层层深入地展开论述，阐释了差序格局中有差等的次序、以己为核心、群己界限模糊等特点。在此基础上得出乡土社会处理群己关系重在"克己"的论断。

文章最后，作者指出在差序格局中私人联系的增加形成了社会关系，因此传统社会中的社会道德只在私人联系中发生意义，引出第五章《系维着私人的道德》的论述。

段落大意归纳

本章共二十个自然段。各段段意如下：

第一段：中国社会中因私害公的现象很普遍，不论乡下还是城市。

第二段：中国社会中因私害公的后果：公德心被自私心驱走。

第三段：讨论"私"的问题须从社会结构格局（群己、人我关系）切入。

第四段：以捆柴为喻，解说西方社会团体格局的特征。

第五段：以家庭为例，解说西方社会与中国社会中团体界限的不同。

第六段：在中国，"家"的范围可因时因地而伸缩。

第七段：以同心圆水波纹为喻，解说中国乡土社会的结构特征。

第八段：乡土社会中亲属关系是"同心圆波纹"，各圆以"己"为中心相交成网。

第九段：乡土社会中地缘关系也是"同心圆波纹"，每一家以自己的地位为中心。

第十段：西方社会中团体的界限分明，中国乡土社会中团体的界限模糊。前者争的是权利，后者是攀关系、讲交情。

第十一段："伦"是从自己推出去的、在与自己发生关系的人里形成的差序。

第十二段："伦"重在分别，是中国传统社会结构中最基本的概念，是人际网络中的纲纪。

第十三段：孔子主张克己修身后的外"推"。

第十四段：中国传统社会人际关系富于伸缩性的原因在于以"己"为中心的自我主义。

第十五段：孔子的自我主义与杨朱的自我主义不同。

第十六段：孔子的道德系统绝不离开差序格局的中心——"己"。与耶稣、墨子的一放不可收不同，孔子的自我主义绝不放松差序层次。

第十七段：收放、伸缩自如的社会范围决定了中国社会中群己界限的相对性。

第十八段：差序格局中公和私是相对的。

第十九段：中国传统社会的差序格局使人们注重"克己"，不会"克群"。

第二十段：差序格局中私人联系增加形成社会关系，故社会道德只在私人联系中发生意义。

思维导图

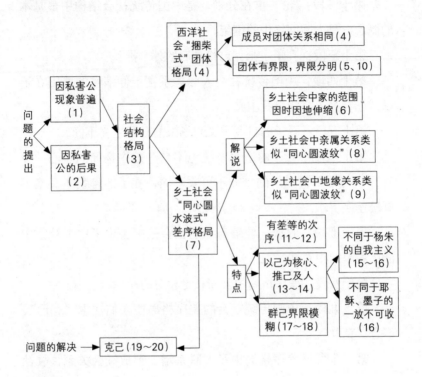

词语释义

1. **格兰亨姆公律**：即格雷欣法则（Gresham's Law），指经济生活中劣币驱逐良币的规律。

2. **一表三千里**：出自民间俗语"一表三千里，一堂五百年"。同姓的旁系兄弟姐妹称"堂"，异姓的则称"表"，这句话形容中国民间表亲间相互疏远的状态。

3. **妻不以为夫，嫂不以为叔**：典出《战国策》：苏秦潦倒归家，妻子不下织机，嫂子不去做饭，父母不与其说话，苏秦长叹："妻不以我为夫，嫂不以我为叔，父母不以我为子，是皆秦之罪也!"

4. 《**释名**》：东汉刘熙著，是一部从语言的角度来推求字义的著作，对后代训诂学的发展影响很大，是研究汉语语源学的要典。

5. 《**礼记**》：又名《小戴礼记》《小戴记》，成书于汉代，为西汉礼学家戴圣所编。《礼记》是中国古代重要的典章制度选集，共二十卷四十九篇，书中内容主要是先秦的礼制，体现了先秦儒家的哲学、教育、政治、美学思想，是研究先秦社会的重要史料，也是一部儒家思想的资料汇编。

6. 《**中庸**》：原是《礼记》中的一篇，相传为子思所作。它肯定"中庸"是道德行为的最高标准，把"诚"看成是世界的本体，认为"至诚"可以达到人生的最高境界，并提出"博学之，审问之，慎思之，明辨之，笃行之"的学习过程和认识方法。宋代朱熹将其从《礼记》中抽出，与《大学》《论语》《孟子》合为"四书"。

7. **杨朱**：字子居，战国思想家、哲学家，主张无名主义、为我主义的思想。

8. 《**大学**》：原为《礼记》中的一篇，相传为曾子所作，论述儒家"修身、齐家、治国、平天下"的思想，是中国古代讨论教育理论的重要著作，和《中庸》《论语》《孟子》并称"四书"。

（王锡婷、牛佳音、胡艳彬 撰）

第五章 《系维着私人的道德》

章节阅读指导

通过比对传统中国社会和现代西方社会的基层结构，费孝通先生认为，中国乡土社会的基层结构呈现出一种"差序格局"，而西方社会则是"团体格局"。社会结构和格局的差别引发了东西方不同的道德观念。

由"团体格局"衍生出两个重要的观念：一是人与人之间的平等，二是团体对每个人的公道。团体意志的代理者的"权力"由受治者的同意而产生，因而其合法性必须建立在代理者能公平、公正地保证团体成员的权利这一基础之上。而中国乡土社会的"差序结构"是以"己"为中心的，其道德体系的出发点是克己修身，由"己"外推。对最主要的亲属，道德要素是孝和悌；对朋友，道德要素是忠和信。孝、悌、忠、信都是私人关系中的道德要素，即便是儒家学说中的核心观念"仁"，也得退回为孝、悌、忠、信等私人的道德要素，才能被清晰地解释。

费孝通还进一步指出：乡土社会的传统道德体系中欠缺不分差序的"兼爱"观念，也欠缺个人对团体的道德要素。在西方团体格局的社会中，履行义务是一个清楚明白的行为规范，而中国传统中没有。无论是忠于职守的"忠"，还是忠君爱国的

"忠"，都更接近于私人关系中的"义"，而不是针对团体。正因为在传统的道德里找不出一个笼罩性的道德观念，因而也欠缺固定的价值标准。中国的道德和法律，都得看所施对象和"自己"的关系而加以程度上的伸缩。

段落大意归纳

本章共十八个自然段。各段段意如下：

第一段：中国乡土社会的基层结构是一种"差序格局"，这种格局和现代西方的"团体格局"是不同的。

第二段：东西方社会不同的格局产生了不同的道德观念。

第三段：在"团体格局"中，道德的基本观念建筑在团体和个人的关系上。

第四段："团体格局"社会中的道德体系受宗教观念的影响。在象征着团体的神的观念下，派生出两个重要的观念：平等和公道。

第五段：在基督教的神话中，亲子间个别的和私人的联系被否定。在此基础上发展出了西方社会个人人格平等、每个团体分子和团体的关系相等的权利观念。

第六段：在执行团体的意志时，牧师和官吏等"代理者"的权力须由受治者的同意产生。美国的《独立宣言》认为政府也是这样的"代理者"。

第七段：代理者如果违反了公道，就失去了代理的资格。于是团体格局的道德体系中产生了权利的观念，又在此基础上产生了宪法。

第八段：在以"己"作为中心的差序格局中，道德体系的出发点是"克己""修身"。团体格局中的道德体系与之相异。

第九段:"差序格局"中社会范围是从"己"向外推出去的,可以有各种路线,最基本的路线是亲属即亲子和同胞,与之相配的道德要素是孝和悌。另一路线是朋友,与之相配的是忠和信。

第十段:差序格局中并没有一个超乎私人关系的道德观念,这种超己的观念必须在团体格局中才能发生。孝、悌、忠、信都是私人关系中的道德要素。孔子谈仁虽多,却语焉不详。

第十一段:孔子在积极地说明"仁"是什么时,没有提升到超乎私人关系的高度,却退到了"克己复礼为仁""恭宽信敏惠"等私人间的道德要素。

第十二段:"团体"组合并不坚强的中国乡土社会中缺乏笼罩性的道德观念。"仁"和"天下"的观念也要退回到具体的伦常关系中才能清晰。

第十三段:乡土社会不但在道德系统中没有基督教式的"爱"(不分差序的兼爱)的观念,而且欠缺个人对于团体的道德要素。在西方团体格局的社会中,"公务,履行义务,是一个清楚明白的行为规范。而在中国传统中是没有的"。

第十四段:在《论语》中,"忠"字甚至并不是君臣间的道德要素。君臣之间以"义"相结合。"忠臣"的观念可以说是后起的,忠君并不是个人与团体的道德要素,而依旧是臣与君私人之间的关系。

第十五段:通过公与私的冲突,可以更清楚地看到乡土社会中团体道德的缺乏。

第十六段:不另外在传统的道德里找出一个笼统性的道德

观念来，所有的价值标准也就不能超脱于差序的人伦而存在。

第十七段：中国的道德和法律，都得看所施的对象和"自己"关系的远近而加以程度上的伸缩。

第十八段：团体格局的道德观念类似墨家的"爱无差等"，和儒家的人伦差序恰恰相反。

思维导图

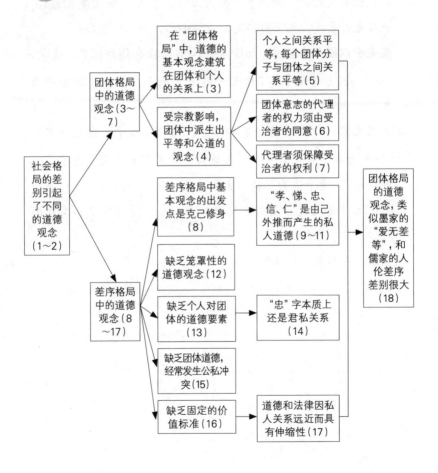

词语释义

1.**美国《独立宣言》**：美国最重要的立国文书之一，是北美洲十三个英属殖民地宣布脱离英国独立的文告，于1776年7月4日由第二届大陆会议批准。

2.**克己复礼**：约束自己，使自己的思想和行为符合"礼"的要求。出自《论语·颜渊》："颜渊问仁。子曰：'克己复礼为仁。一日克己复礼，天下归仁焉。为仁由己，而由人乎哉？'"

3.**壹是皆以修身为本**：一切阶层的人都把修身作为根本。壹是，一切。出自《大学》："自天子以至于庶人，壹是皆以修身为本。"

4.**无父无君**：心中没有父亲和君主。出自《孟子·滕文公下》："杨氏为我，是无君也；墨氏兼爱，是无父也。无父无君，是禽兽也。"孟子认为，杨朱主张为己，是心中没有君主；墨子主张无差等之爱，是心中没有父亲。心中没有父亲和君主的人，与禽兽无异。

5.**系维**：即维系，维持和联系。

（房春草 撰）

第六章 《家族》

● 章节阅读指导

本章旨在阐释中国乡土社会中的基本社群——"家"的性质。

费孝通首先明确了差序格局与团体格局、社会圈子与团体在中国乡土社会和西方现代社会中是并存的、各有偏重的。而本章论及的乡土社会中的"家"应该称为"大家庭"或"小家族"。

接着作者指出"大家庭"与"小家庭"的区别不在于人数的多寡，而是前者较后者伦理关系更为复杂，二者的结构原则也不同。

为了阐述乡土社会中"家"的性质，作者首先回到"家庭"在人类学上的概念：由亲子所构成的生育社群，其主要功能是生儿育女，是短期的存在的。而乡土社会中的"家"沿父系亲属差序向外扩大，这种结构原则符合的是人类学上的"氏族"概念。因此，乡土社会中"家"的形态与人类学上的"家庭"不同。作者认为形态不同则性质不同。乡土社会中的"家"还具有生育之外的多种功能，且具有长期性，其本质上是个事业组织，因此"家"的大小可以伸缩。

作者接着提出，以生育社群担负其他功能，会使社群成员之间的关系发生变化。他以东西方家庭进行比较论证：西方家庭的主要功能是生育，夫妇是家庭的主轴，子女是配角，两性之间的感情是家庭的凝合力量，作者称其为"生活堡垒"；乡土社会中的"家"则是连绵延续的事业社群，父子是主轴，夫妇成为配轴，这两轴都因事业的需要而排斥了普通的感情。

在最后一段，作者写了自己下乡调查时观察到的乡村家庭中两性感情淡漠的现象，目的也是为了强调乡土社会中"家"的功能增多会引起成员关系的变化。

至此，我们可以明确乡土社会中的"家"的特征：具有长期延续性，具备生育功能、政治功能、经济功能、宗教功能等，遵循父系亲属差序扩大原则，排斥普通情感。

本章与下一章《男女有别》所论述的都是让乡土社会呈现安稳秩序的重要因素。

段落大意归纳

本章共十四个自然段。各段段意如下：

第一段：前面提出的"差序格局""团体格局"的概念容易引起误会，因此首先强调这两种格局事实上是并存的，但东西方各有偏重。由此引出对中国乡土社会中"大家庭"（"小家族"）与西方"家庭"的比较论述。

第二段：两种格局的概念区分有利于我们对社会结构进行了解。

第三段：中国乡土社会的基本社群叫作"大家庭"或"小家族"。

第四段：中国乡土社会中的"大家庭"与西方家庭（小家

庭）的区别是：前者比后者复杂且构建原则不同。

第五段：人类学中的"家庭"（小家庭）是亲子所构成的生育社群，其生育功能是短期的。

第六段：家庭有生育之外的功能，但经营事务有限。

第七段：乡土社会中的家庭没有严格的团体界限，可以根据需要沿父系差序路线向外扩大。

第八段：对照人类学中的"氏族"概念，作者把乡土社会中以单系亲属原则组成的社群称为"小家族"。

第九段：阐释家族与家庭在结构上的关系：家族包括家庭，家庭可以发展为家族。

第十段：阐释家族与家庭在性质上的不同：家庭的主要功能是生育，家族的功能包括生育、政治、经济、宗教等；家族是长期的，家庭是临时的。

第十一段：乡土社会中的家庭，即小家族，在结构上属于单系的差序格局。

第十二段：西方家庭团体中夫妇、两性情感是凝合家庭的力量。

第十三段：乡土社会中的家庭以父子为主轴，是纵向的，强调规则，排斥感情。

第十四段：乡土社会中家庭成员之间情感的疏离与家族社群功能的增加有关。

思维导图

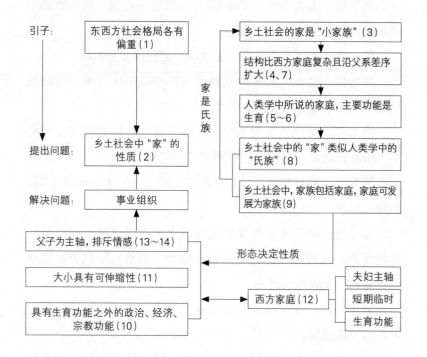

词语释义

1.《江村经济》：费孝通的著作，1939年出版英文版，书名为《中国农民的生活》，1986年出版中文版。全书共计16章，描述了中国乡村的生产、消费、分配和贸易体系，是根据太湖东南岸开弦弓村的实地考察写成的。它旨在说明江村这一经济体系与特定地理环境，以及与所在社区的社会结构的关系。

2.《美国人的性格》：费孝通的著作，1947年7月出版。本书由《初访美国》《美国人的性格》等部分组成，是费孝通在美国读书和考察的笔记，着重对比了美国文化与欧洲文化、美国人与欧洲人的区别，分析了美国人的性格、政治制度、文化特征，以及美国对世界工业文明、世界未来文化的影响。

3. **三从四德**：中国古代封建社会用于约束妇女的行为准则与道德规范。"三从"指妇女未嫁从父、出嫁从夫、夫死从子，"四德"指妇德、妇言、妇容、妇功。

（赵莲峰 撰）

第七章 《男女有别》

在上一章中，费孝通认为家族在"事业社群"的定位下，纪律是高于私情、排斥私情的，进而引申出对中国传统"感情定向"的思考。作者借助于斯宾格勒提出的阿波罗（亚普罗）式（Apollonian）与浮士德式（Faustian）的两种文化模式，分析、对比现代西方社会与乡土社会中男女关系在家庭内部的不同。

费孝通先从"感情定向"这一名词的解释入手，强调感情的激动对于社会关系的破坏和创造作用。进而通过阐述纪律与感情在维系稳定社会关系中的不同作用，来强调感情——尤其是乡土社会中男女的私情——对于社会稳定的破坏性。

为了进一步解释造成"男女有别的界限，使中国传统的感情定向偏于同性方面去发展"的原因，费孝通引入了阿波罗式（Apollonian）与浮士德式（Faustian）这两种文化模式。前者重视稳定，后者重视浪漫。在阿波罗式的乡土社会中，一方面，长期、亲密的共同生活使得年龄、空间等差别都无法阻碍人与人之间的充分了解，这使得乡土社会天然表现出稳定和纪律来；而另一方面，生理上的男女差别，以及异性之间心理上的隔膜，却成为共同生活的人彼此间进行充分了解的障碍。为了生育而结合的两性关系，在这种无法跨越的阻碍之下，不得不放弃浮士德式的两性恋爱模式，因为男女间感情的激动可能会使家族的经济事业和生育事业受到影响。

出于对稳定性的需求，乡土社会依照"男女有别"的原则安排男女关系，这必然呈现为男女在生活上的隔离与心理上的疏远。费孝通认为，这种"感情定向"的发展特点，必然会导致"家族代替了家庭"，"中国乡土社会中那种实用的精神安下了现世的色彩"。这样，这一章的内容也对上一章的主题形成了呼应、补充和深化。

段落大意归纳

本章共十七个自然段。各段段意如下：

第一段：由上篇《家族》的话题和纪律与私情的关系"再引申发挥一下"引出本篇的核心内容。

第二段：从文化角度提出"感情定向"的定义，并引出生理学与社会学两层阐述视角。

第三段：借由威廉·詹姆斯的学说，从生理学层面解释"感情"概念。

第四段：感情对社会关系具有破坏和创造作用，要维持稳定的社会关系，就要选择纪律，排斥"私情"。

第五段：进一步阐发社会关系的稳定依靠"了解"，而非激动性的"感情"。

第六段：介绍斯宾格勒在《西方陆沉论》里提出的两种文化模式：阿波罗（亚普罗）式和浮士德式。

第七段：用两种文化模式解释传统的乡土社会与现代社会

在社会生活上的区别。

第八段：乡土社会中亲密和长期的共同生活使人们亲密而熟习，空间距离和年龄差异并不会从根本上阻碍人们相互了解。

第九段：乡土社会中真正阻碍人们了解彼此的是男女的两性差别。

第十段：在以充分了解来配合人们相互行为的社会中，性别的鸿沟是基本的阻碍，而宗教从理想层面试图将它抹去。

第十一段：性别分化是为了生育，生育却又规定男女结合，这一结合基于差异而存在。在差异的基础上充分了解，就要在创造中求统一，这是浮士德式的企图。

第十二段：浮士德式的两性恋爱是一种对未知的探索，重在过程而非结果，它使社会关系不能稳定，甚至可能破坏生育这一社会事业。

第十三段："男女有别"的原则认定男女不必求同，在生活上加以隔离，它有助于乡土社会消弭两性间激动性的感情，寻求稳定的社会关系。

第十四段：乡土社会以"家族"代替"家庭"，体现出同性原则高于异性原则的特点。

第十五段："男女有别"使中国传统感情定向的发展侧重于同性方面。

第十六段：乡土社会缺乏两性间求同的努力，具有现世色彩，人们对生活的态度是以克己来迁就外界，属于阿波罗式文化模式。

第十七段：男女有别的鸿沟来自对社会稳定秩序的维持。

思维导图

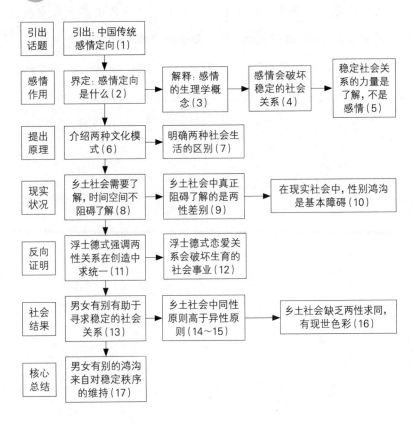

词语释义

1.**Oswald Spengler**：奥斯瓦尔德·斯宾格勒（1880～1936），
德国唯心主义哲学家、史学家，提出了"西方陆沉论"。

2.《**西方陆沉论**》：斯宾格勒的著作，现在通常译为《西方的没
落》。该书提出历史只是一种由若干独立的文化形态循环交替

而形成的时间过程，文化形态就像生物有机体一样，都要经过青年期、壮年期，以至衰老、灭亡。第一次世界大战中德国的失败和在20世纪20年代出现的资本主义经济危机是一种"西方文化的没落"。为了挽救这"悲剧"的命运，斯宾格勒认为必须建立一种普鲁士式的威权性的社会主义。

（翁盛 撰）

第八章 《礼治秩序》

● 章节阅读指导

在乡土社会中，社会秩序是必须维持的。在上一章《男女有别》的基础上，费孝通将目光投向了更为深层次的文化传统，即礼治秩序。

作者在开篇为我们辨析了看似相对、实则相关联的两个概念——"人治"与"法治"，指出二者的根本区别在于维持秩序时所用的力量，以及所根据的规范的性质之不同。由此来审视乡土社会，我们就会发现：乡土社会不是"法治"社会，也不是"人治"社会，而是"礼治"的社会。

本章的主体部分剖析了"礼治"社会的核心——"礼"的本质、形成和特征。首先，作者先用丰富的事例告诉我们，"礼"与文明、慈善等无关，它只是社会公认的行为规范，依靠传统来维持。接着，作者分析了"礼"的形成：传统，在乡土社会中尤其重要，遵循传统就可以使生活得到保障，违背传统就可能出毛病，久而久之，传统愈发令人敬畏，而当社会成员都恪守这套传统，不再推究为什么这样做，进而对它产生信仰时，"礼"就形成了。"礼"的特征是主动性。同法律从外限制人，道德以舆论约束人不同，"礼"通过教化进入人们内心，使人养成敬畏的习惯，从而主动地服从于传统。

礼治是乡土社会的特色，它的存在及发挥作用的前提，是传统可以有效地应付生活问题。因此，在变迁很快的时代，礼治社会是不会出现的。

段落大意归纳

本章共十九个自然段。各段段意如下：

第一段：明确"法治"内涵——人依法而治。

第二段：在实际应用时，法治绝不能缺少人的因素。

第三段："人治"社会也需要以规范为依据。

第四段：人治和法治，依靠的力量和规范的性质不同。

第五段：有些人误认为乡土社会"无需规律"。

第六段：乡土社会是个"无法"但"礼治"的社会。

第七段：礼治社会并非文质彬彬，礼可能是野蛮和残忍的。

第八段：礼是社会公认合式的行为规范，依靠传统来维持。

第九段：传统能帮助人们完成社会任务，满足生活需要。

第十段：任何社会都有传统，乡土社会里传统的效力更大。

第十一段：传统在乡土社会中是生活的保障，因为生活缺少变化，人们"抄袭"前人的生活经验即可。

第十二段：以昆明乡下医治新生儿牙病的例子，证明传统的有效性。

第十三段：传统会使人产生敬畏之感。

第十四段：传统中融入要恪守的信念，就成为按着仪式做的礼。

第十五段：礼不靠外在权力推行，而是通过教化使人内心敬畏，从而使人主动服从的。

第十六段：礼是经教化过程而成为主动性的服膺于传统的习惯。

第十七段：礼治是人们主动服从社会成规而形成的秩序。

第十八段：礼治的前提是传统可以有效地应付生活问题。

第十九段：礼治是乡土社会的特色，不能在变迁很快的社会里出现。

思维导图

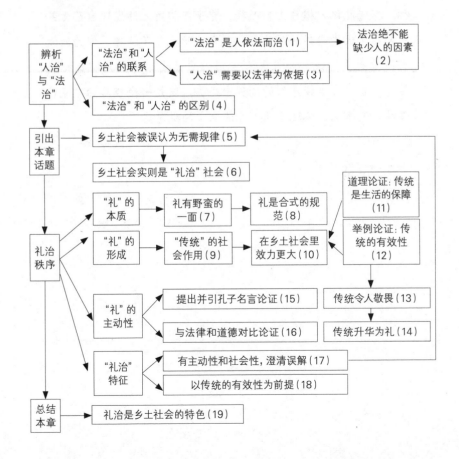

词语释义

1.**看不见的手**：这是一种经济学理论，是由英国经济学家亚当·斯密在《国富论》中提出的。他认为看似杂乱无章、毫无秩序的自由市场，实际上却为一双"看不见的手"所指引，生产出适当的产品种类和数量。亚当·斯密主张让市场自由发展，反对政府对市场的干预。

2.**曾子易箦**（zé）：曾子即曾参，是孔子的弟子，以恪守礼法著称。据《礼记·檀弓上》记载，曾子在弥留之际发现自己无意中躺在了大夫专用的席子上，就命儿子把席子换掉，因为他没有做过大夫，假如死在大夫专用的席子上，那就是"非礼"。最终，曾子在更换床席的过程中死去。这是一个极端的"克己复礼"的事例，体现了儒家礼法至上的观念。

（戚锋 撰）

第九章 《无讼》

章节阅读指导

在上一章中，费孝通初步论证了"法治和礼治是发生在两种不同的社会情态中"。在本章，作者进一步厘清了乡土社会和现代社会中维护秩序的不同手段，即礼治与法治，展望了现代社会的法律观念在乡土社会中推行的前景。

文章开头，费孝通从"讼师"和"律师"两个概念入手，展现了两类人物各自在乡土社会和现代社会里的地位，借此揭示出"乡土社会中守不守礼是个道德问题，维持礼治秩序的理想手段是教化"这个道理。

为了进一步阐释乡土社会礼治秩序的性质，费孝通用球赛进行类比，说明礼治秩序要靠大家自觉地对传统规则进行信奉与遵守，进而揭示出乡土社会的礼治是对传统规则的服膺，长期的教育已把外在的规则化成了内在的习惯。作者又举了自己受邀在乡下参加调解集会的例子，形象生动地再现了调解的教化过程及调解中动用整个伦理原则的过程。接着引用《论语》，引出核心问题的结论：调解是为了无讼。

文章最后将现代社会的法律与乡土社会的伦理教化进行对比，肯定了现代社会运用法律维护个人权利和社会安全的意义，但同时也指出，在人们思想观念还未改变的情况下，推行现代司法制度下乡可能会产生特殊的副作用。

段落大意归纳

本章共十三个自然段。各段段意如下：

第一段：乡土社会中的讼师没有地位，而现代社会中律师的地位很高。

第二段：与诉讼相关的一套专业名词的改变，反映了礼治社会向法治社会的转变。

第三段：都市生活中，普通人也需要咨询法律知识，律师因此变得重要。

第四段：乡土社会中守不守礼是个道德问题，维持礼治秩序的理想手段是教化。

第五段：用球赛类比，说明礼治秩序靠大家对传统规则自觉的信奉与遵守。

第六段：乡土社会的礼治是对传统规则的服膺，长期的教育已把外在的规则化成了内在的习惯，打官司就表示人受的教化不够，是可耻之事。

第七段：举例说明乡村里的调解人多是有社会地位的人，其调解过程多是一种教育过程。

第八段：举例说明乡村调解会动用整个伦理原则，把各方都教育一番。

第九段：孔子也期望"无讼"。

第十段：现代社会中法律的意义并不在于教化，而在于保护个人权利和社会安全。法官要在不断变动的环境中厘定各人的权利。

第十一段：现代社会中法律与时俱新，律师成为重要的职业。

第十二段：现代的司法原则和乡土社会中旧有的伦理观念差别很大，这使得现代司法制度在乡土社会不能彻底推行。

第十三段：现行的司法制度在乡间破坏了原有的礼治秩序，又未能有效地建立起法治秩序，因此在推行中产生了很特殊的副作用。

思维导图

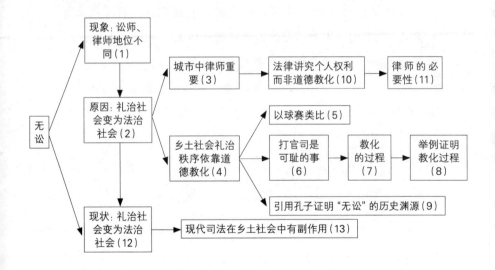

词语释义

1. **刀笔吏**：古人在简牍上写字，如有错讹，即以刀削掉错字，故古时的读书人常常随身带着刀和笔，以便随时修改错误，古代的文职吏员也就被称作"刀笔吏"。自宋元后，人们又将讼师、幕僚称作"刀笔吏"，谓其深谙法律规则，文笔犀利，用笔如刀。

2. **折狱**：指判决诉讼案件。

3. **Sportsmanship**：运动员风范，体育精神（多指人在体育比赛中光明磊落、有气度）。

4. **保长**：当时国民政府规定，十户为一甲，十甲为一保，联保连坐。保长即一保的管理者。

5. **分润**：分享利益。

6. **"听讼，吾犹人也。必也使无讼乎"**：出自《论语·颜渊》，是孔子的话，大意为："审理诉讼案件，我同别人一样（没有什么高明之处）。重要的是使诉讼的现象消失。"

7. **Test case**：可作为先例据以决案的法院判决。

（韩伟燕、初黎晨、张晶晶 撰）

第十章 《无为政治》

费孝通在上一章论述了现代社会中法律的意义不在于教化，而在保护个人权利和社会安全，从而引出了对"权力"一词的讨论。

在本章开头，费孝通从社会冲突和社会合作两个方面，分别揭示了两种不同的权力类型，即"横暴权力"和"同意权力"，产生的背景，从而阐释了人类社会中这两种权力的交融性。

文章的核心部分重点揭示权力之所以诱人，最主要的原因是它关系到经济利益。作者由甲团体和乙团体的假设说起，再列举自己去广西瑶山做调查时的见闻，以及"坑卒几万人"的历史记载，详细地分析和论证了农业社会中横暴权力的限制在于农业生产量除去消费量后的剩余不多，从而指出农业性的乡土社会虽是皇权的发祥地，但其支持强大的横暴权力的基础不足，所以农业帝国是虚弱的。这就产生了中国历史上"有为"（横暴权力）和"无为"的循环。

最终，费孝通得出结论：横暴权力由于经济条件的拘束，在乡土社会中的影响并不明显，在乡土人民的实际生活中"是松弛和微弱的，是挂名的，是无为的"。

段落大意归纳

本章共十一个自然段。各段段意如下:

第一段:讨论权力的人可以分为"社会冲突"和"社会合作"两派,各有侧重。

第二段:有人从社会冲突的一面着眼,认为权力是冲突过程的持续或休战状态的临时性平衡,是在胜负双方的冲突过程中产生的。权力是维持这关系所必需的手段,它是压迫性质的,所以也叫"横暴权力"。

第三段:有人从社会合作的一面着眼,认为社会分工产生了权利和义务,为了保障这些权利和义务又产生了共同授予的权力。这种权力的基础是社会契约,是同意,所以也叫"同意权力"。

第四段:人类社会中横暴权力和同意权力同时存在,互相交融,错综混合。

第五段:权力具有"工具性",人们通过权力得到利益。

第六段:权力之所以诱人,最主要是因为它关系着经济利益。

第七段:农业社会中横暴权力的限制在于农业生产量除去消费量后剩余不多。

第八段:农业性的乡土社会是皇权的发祥地,但能支撑强大的横暴权力的基础不足,所以农业帝国是虚弱的。

第九段:中国历史是"有为"与"无为"的循环。

第十段:在历史的经验中,统治者们为了维持皇权,找到了"无为"的价值。

第十一段：横暴权力由于经济条件的拘束，在乡土社会中的影响并不明显，在乡土人民的实际生活中是松弛和微弱的，是挂名的，是无为的。

思维导图

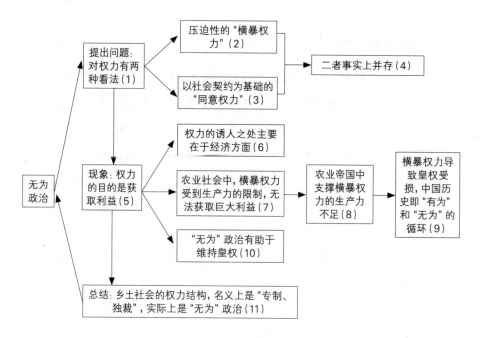

词语释义

与汝偕亡：出自《尚书·汤誓》："时日曷丧？予及汝偕亡！"大意为："这个太阳什么时候才能消失？我们宁可和你一起灭亡！"这是百姓借太阳咒骂暴君夏桀的话，表达了人民对暴君的痛恨。

（韩伟燕、初黎晨、张晶晶　撰）

第十一章 《长老统治》

《无为政治》一章指出，"横暴权力"被经济生产力拘束，"同意权力"也受到经济条件的限制，所以乡土社会里的"专治"和"独裁"都只是有名无实的，皇权在人们的生活中是"松弛和微弱的，是挂名的，是无为的"。在本章中，费孝通指出，乡土社会中的"长老权力"是稳固的。中国社会在根本上是乡土性的，既非单纯的"横暴"，也不是完全的"同意"，"长老权力"是介于两者之间的第三种权力，它既非民主，又不同于一般的专制。换言之，乡土社会的政治形态是无为政治、长老统治。

本章开篇阐释了"长老统治"的内涵。乡土社会是一个熟人社会，具有很强的稳定性。社会继替过程中产生的文化，在稳定的乡土社会中扎根下来，逐渐被人们承认，被整个社会接受，无形中就形成了一种教化的力量，即"长老权力"。由于这种教化性的权力结构，既非民主又异于专制，所以作者提出"长老统治"这一新的说法。

为了说明"长老权力"的特点，作者用了喻证、例证和道理论证等方法。他把世界比作旅店，这个旅店有着复杂的规则，人们要在其中生活，就得接受一番教化，才能在众多规矩下从心所欲而又不碰壁。作者又用孩子必须穿鞋上街这一现象为例，来说明在社会教化过程中，被教化者是没有选择的机会的，他所要学习的那一套东西就是"文化"，是先于被教化者而生的，这就是"长老权力"不同于"同意权力"和"横暴权力"的强制性。作者还引用"为政以德""为民父母"等传统教化性政治理念，表明教化性权力不仅限于亲子关系，整个社会对每一个新分子都进行强制和教化。

在本章最后，费孝通指出，文化是不稳定的。伴随着社会的发展，传统的方法不足以应付当前的生活，长幼有序的原则逐渐弱化，教化权力必然缩小，新的社会离乡土性也就渐行渐远了。

段落大意归纳

本章共十二个自然段。各段段意如下：

第一段："长老权力"是一种教化性的权力。

第二段：不同文化区域有着不同的规律，生活于其中的人都需要接受一定的教化。

第三段：人学习社会规律不能不受到强制，强制发生了权力。

第四段：教化的目的在于维护社会的同意秩序。

第五段：教化的过程虽不民主，但也不横暴。

第六段：教化者与被教化者之间不是统治与被统治的关系。

第七段：教化性的权力在亲子关系中表现得最明显，但并不限于亲子关系，它也表现为文化对于社会新分子的强制。

第八段：乡土社会的秩序主要是由"教化权力"来维持的。

第九段：稳定的文化传统是"教化权力"扩大到成人之间的有效保证。

第十段：长幼之序是我们这个社会里人们相互对待的依据，也点出了"教化权力"所发生的效力。

第十一段：在社会变迁的过程中，"教化权力"逐渐弱化。

第十二段：总结乡土社会权力结构的特点，并提出"长老统治"一说。

● 思维导图

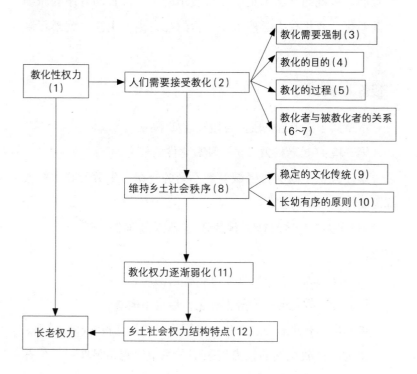

词语释义

1. **社会继替**：费孝通在《生育制度》中提出的名词，指社会不断地预备新人物，等着去接替因旧人物死亡和退伍所产生的缺位，简言之就是社会分工的世代交替，是人在固定结构中的流动。

2. **十诫**：也写作"十戒"，《圣经》记载，上帝借由以色列的先知和众部族首领摩西向以色列民族颁布了十条规定，即"摩西十诫"。

3. **逆旅**：客舍，旅店。

（尹波、陈惠莲、汪楠 撰）

第十二章 《血缘和地缘》

章节阅读指导

费孝通在本章指出，缺乏变动的社会会用生育产生的社会关系来规定各人的社会地位，这样的社会就是"血缘社会"。乡土社会中，最原始的社区是血缘与地缘相结合的，而地缘是血缘的"空间投影"，就是所谓的"生于斯，死于斯"。就算人口增多，需要扩张，迁移出去的新村落与原来的旧村落间也还是保持着血缘的联系。

血缘社会中，人的社会活动受到血缘关系的限制，通过多方面和长期的人情往来互相依赖，形成亲密社群中的合作关系。但是太多重叠的、无法"清算"的人情，难以长久维持人与人之间权利和义务的平衡。因此，血缘社会中，"外人"虽然很难融入一个亲密社群，但却恰好可以解决亲属之间"钱上往来"的不便，商业就是在这样的需求下产生的。也就是说，从商业里发展出了地缘的社会关系，而"外人"正好成为商业的媒介。如果说血缘是身份社会的基础，那么地缘就是契约社会的基础。从血缘社会到地缘社会的转变，就是从乡土社会到现代社会的本质转变。

本章采用对比、喻证、例证等多种方法，深入浅出地剖析了乡土社会的特点。文章通过乡土社会中"父死子继"的社会现象，分析地缘与血缘二者的关系，进一步论证了血缘在乡土社会中所起的作用；又用云南乡下的"钱会"和农村的"街集"为例，说明地缘是从商业里发展出来的社会关系。

段落大意归纳

本章共十七个自然段。各段段意如下：

第一段：血缘社会的特点是人和人之间的权利与义务根据亲属关系来决定。

第二段：社会变化的速率决定血缘作用的强弱。

第三段：血缘所决定的社会地位不容个人选择。

第四段：在稳定的社会中，地缘是血缘的投影，二者不可分割。

第五段：在人口不流动的社会中，血缘和地缘是合一的。

第六段：伴随着人口的繁殖，血缘社群也会不断扩大和分裂。

第七段：在乡土社会里，地缘的分离不能割断血缘的联系。

第八段：漂流异地、互相没有血缘关系的人，很难结成纯粹的地缘关系。

第九段：拥有土地大概是一个人在乡土社会血缘网中生根的前提。

第十段：寄居在血缘性社区边缘的人，因其"陌生"的特性能在乡土社会中找到特殊的职业。

第十一段：亲密的血缘关系中充满着互相拖欠的未了的人情。

第十二段：维持亲密关系也必须避免太多重叠的人情，以减轻社会关系上的负担。

第十三段：单靠人情不易维持复杂的人际交往中权利和义务的平衡，于是商业就应运而生。

第十四段："街集"的出现，表明商业关系是在血缘关系之外建立的。

第十五段：寄居在血缘性社区边缘上的"外边人"逐渐成为商业活动的媒介。

第十六段：地缘是从商业里发展出来的社会关系，是契约社会的基础。

第十七段：点明社会形态从血缘结合发展到地缘结合的重大意义。

思维导图

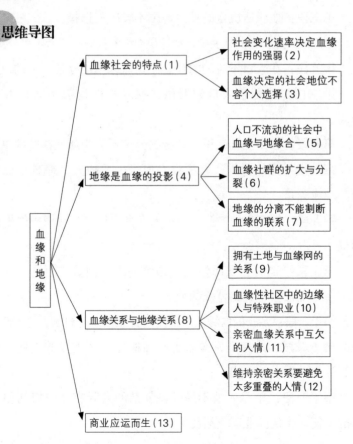

词语释义

1. **上賨**（cóng）："賨"的本义是秦汉时期在今四川、湖南一带少数民族所缴的一种赋税。"上賨"是指20世纪前中期，在云南（尤其是昆明）出现的一种民间金融互助方式，多在收入不高、互相了解并且讲信用的亲友、同事和熟人中进行。这些人自愿临时或定期组合起来，进行小额金融互助活动。

2. **Kulu制度**：英国社会人类学家马林诺夫斯基在其著作《西太平洋上的航海者》中提到的一种西太平洋岛屿土著部落的独特的交易方式。交易物品为白贝臂镯与红贝项链，臂镯沿逆时针由一个岛传向另一个岛，项链沿顺时针从一个岛传向另一个岛。

3. **客边**：外地人。

4. **新客**：外地人。

（尹波、陈惠莲、汪楠 撰）

第十三章 《名实的分离》

章节阅读指导

本章重点阐释了乡土社会的结构及其变动方式，在此基础上分析乡土社会"名实分离"特点产生的原因及其实质和表现。

本章开篇提出，乡土社会较之现代社会，变动很慢，下文所讨论的一切关于乡土社会的问题都发生在这个前提之下。继第十一章《长老统治》中提出横暴权力、同意权力、长老权力后，费孝通在本章中又提出了第四种权力方式，即发生在激烈的社会变迁过程中的"时势权力"。不同于发生在相对稳定的继替社会结构中的长老权力，时势权力建立在社会结构本身发生变动的基础之上。这两种权力在社会发展过程中同时存在，此消彼长。社会变化慢，则长老权力盛；社会变化快，则时势权力盛。

在此基础上，作者提出：社会结构自身没有变动的需要，它只是人造出来的满足生活需要的工具。当旧有的社会结构不能应付新的环境，而新的方法又未出现，在人们惶惑、无所适从的新旧交替之际，就会出现"文化英雄"，他能提出办法，并有能力组织社会试验，获得别人的信任，从而可以支配跟从他的群众，因而发生了一种因为时势而造成的权力，作者称之为"时势权力"。这是社会变迁催生出的一种权力方式。

实际上，这种权力在乡土社会中最不发达。乡土社会极慢的变动速率，使得社会变迁被吸收在社会继替之中，不致引起人事冲突。人们接受统治而没有反对，建立在传统教化之上的长老权力也不容忍反对。

所以，作者认为乡土社会中存在着名实的分离。既然长老权力不容反对，那么反对就变成了"注释"。也就是说，为维持长老权力，表面上承认传统形式，实际上却抛弃了其中不能反对而又不切实际的内容，注入了与社会变革相适应的内容。结果口是心非和虚伪就不可避免，从而造成了名实之间发生极大的分离。社会变动越快，名实的分离就越严重。

段落大意归纳

本章共十一个自然段。各段段意如下：

第一段：与现代社会相比，乡土社会变动速率慢，相对"静止"。

第二段：时势权力发生在激烈的社会变迁过程中，和长老权力也必然同时存在，此消彼长。

第三段：社会结构的变动源自它不能答复人们的需要。作者用"中文和毛笔替换成英文和打字机"这个比喻形象地说明了这一点。

第四段：社会新旧交替之际，因"文化英雄"的出现而发生了时势权力。它不是建立在剥削关系之上，不是由社会所授权，更不是根据传统的继替。

第五段：探讨容易出现时势权力的社会特征。初民社会、战争时期和现代社会容易发生时势权力。作者认为苏联的权力性质可以归入时势权力。

第六段：乡土社会中，社会结构能满足人们的需要，社会变迁可以被吸收在社会继替中，因而时势权力最不发达。

第七段：如果社会变迁的速率和世代交替的速率相等，那么代际冲突就不致发生，长老权力仍然强盛，社会不会发生时势权力。儒家的"孝"承认长老权力。

第八段：领导阶层能适应社会变迁的速率，就能避免因社会变迁而发生的混乱。英国之所以能不流血而实行种种变革，正是因为它的领导阶层能适应环境变动。

第九段：乡土社会中，社会环境固定，建立在教化作用之上的长老权力不容忍反对。

第十段：分析了其他三种权力方式对待反对的态度：同意权力容忍甚至奖励反对，而且反对是获得同意的必要步骤；横暴权力中没有反对，只有反抗，横暴权力压制反抗，不能容忍反对；时势权力中反对的存在，使不同的方案间发生争斗，不同的思想阵线形成对垒。

第十一段：得出结论：长老权力下的乡土社会，反对被时间冲淡而成为"注释"，注释的变动方式引起了乡土社会的名实分离。名实之间的距离随着社会变迁速率的提升而增加。

思维导图

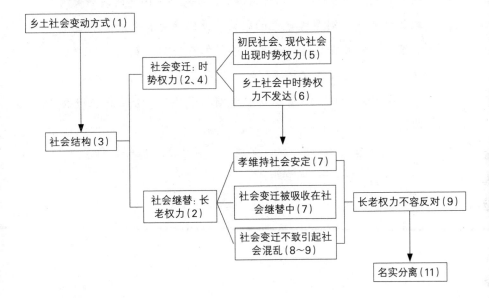

词语释义

1. **父不父，子不子**：出自《论语·颜渊》："齐景公问政于孔子。孔子对曰：'君君，臣臣，父父，子子。'公曰：'善哉！信如君不君，臣不臣，父不父，子不子，虽有粟，吾岂得而食诸？'" 当时齐大夫陈氏专政，齐景公又宠幸妇人，不立世子，所以孔子回答他"君要尽君道，臣要尽臣道，父要尽父道，子要尽子道"。"父不父，子不子"后用来指道德沦丧、礼义失范的社会现象。本文中指社会变动得快，长老权力受到挑战而出现的情形。

2. **三年无改于父之道**：出自《论语·学而》："子曰：'父在，观其志；父没，观其行。三年无改于父之道，可谓孝矣。'"这句话的意思是：如果一个人的父亲活着，要观察他的志向；如果他的父亲死了，则要考察他的行为。能三年（长久地）不改变父亲的为人处世之道，就可以算是孝了。"孝"的解释是"无违"，"三年无改于父之道"就是在乡土社会中承认长老权力，遵守并传承传统，作者用这句话阐明了乡土社会变化很慢的原因。

（成颖、刘伊超、屠琳盈 撰）

第十四章 《从欲望到需要》

本章深入细致地阐释了"欲望"和"需要"这两个概念的内涵和外延，分析了从欲望到需要的过程，是乡土社会向现代社会变迁的过程，进一步厘清了时势权力与长老权力的差别。

文章开头，费孝通明确指出乡土社会中人们依靠欲望行事，而现代社会中人们依据需要计划自己的行为。从欲望到需要，是社会变迁的一个很重要的里程碑。

人类的行为有动机和目的，人类能控制自己的行为，也会根据欲望进行取舍。纵观人类生存的历史事实，个人的欲望总能与人类的生存条件和社会的完整、发展相合，这是一种不自觉的、非计划的印合，就像冥冥中有一只手安排好了这一切。

这种相合的情况一般只发生在乡土社会，因为乡土社会中人们的欲望并不由遗传等生物因素决定，而是取决于社会文化的影响。人们从小浸润其中，社会文化就会影响并决定个人本性里欲望的内容，或者说是人类从之前试错的行为中积累出的经验决定了人类行为，即先有人类的行为，再有经验的积累，从而形成了社会文化，从这个意义上说，又是人类的欲望影响了文化的形成。不论哪种说法，都说明了一个问题，即人类的欲望与社会文化息息相关。

然而，一旦社会环境发生剧烈变化，原来的文化就不能有效地满足人类的生活。如果仍然依着欲望行事，不去主动地、有计划地适应社会变化，则必将导致社会的混乱和危机。这时，人们就要客观理性地分析自己的需要，依据需要来计划自己的行为和生活。所以，现代社会中，人们常根据需要制定计划。对此，具有知识的人能做得更好，容易成为"文化英雄"，掌握时势权力。

段落大意归纳

本章共十四个自然段。各段段意如下：

第一段：从欲望到需要，是从乡土社会转变到现代社会的重要里程碑。

第二段：人类的行为都有动机和目的，行为或活动只是实现动机的手段。

第三段：阐释了人类行为动机的内涵：一是意志，一是欲望。"欲望—紧张—动作—满足—愉快"是人类行为的过程。

第四段：探讨人类依着欲望的行为是否必然有利于个体的健全发展和社会的完整、持续。

第五段：进一步用具体事例对上述问题进行探讨。人们食用各种含有营养元素的食品，的确符合维持生命的动机，但实际上，每个人都是为了满足自己当下本性的欲望。

第六段：人类本性的欲望总与人类的生存条件和社会的完整、发展相符合。就好像冥冥中有一只看不见的手将这一切都安排好，让社会形成一个最好、最融洽的秩序。

第七段：阐释了乡土社会中个人的欲望常合于人类生存条

件的原因。乡土社会中个人欲望的形成并不由遗传等生物属性决定，而是由从小所处环境的社会文化决定。

第八段：深入探讨欲望与文化的关系，指出欲望是符合人类生存条件的文化事实。那些不合于生存条件的文化和接受这种文化的人会被淘汰。

第九段：提出不同于上述观点的另一种说法，即行为先于思想，欲望影响文化。决定人类行为的是从之前行为中积累出的经验，而思想只起到保留这些经验的作用。人类的欲望影响了文化的形成。

第十段：乡土社会符合上段提出的观点，即通过经验积累，将不符合生存条件的行为淘汰，留下符合生存条件的经验。

第十一段：实际上，在乡土社会，很多行为并不能满足欲望的需求，行为和目的间并无实在的关联。以驱鬼为例，这个行为并没有真正驱除鬼，驱除的只是人内心的恐惧，所以这个行为并没有实现满足自觉的欲望这个目的。

第十二段：当乡土社会的环境发生变化后，依着欲望的行为与人类的生存条件相印合的情况将不复存在，如果人们不做主动的、有计划的适应，就只能在不断的试错中寻找新的方法来适应。乡土社会变迁速率慢，可以从容试错；而在变化速率快的复杂社会环境中，试错将会引起大的混乱。

第十三段：现代社会中，当欲望不能有效满足生活时，人们就要重新推求行为和目的间的关系。客观地看待行为对个人生存和社会完整的作用，即功能；自觉地分析个人的生存条件，即需要。根据需要去计划自己的行为，使之更为理性、科学。

第十四段：现代社会，依据需要去计划；乡土社会，依着欲望去活动。现代社会，知识能造就时势权力。

思维导图

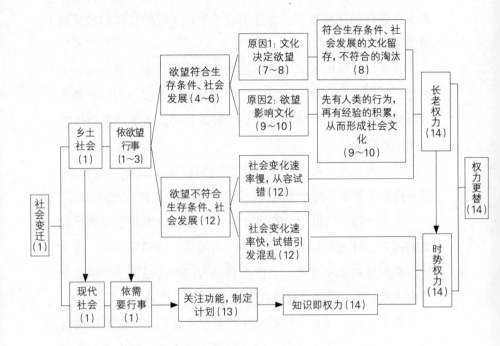

词语释义

1. **亚当·斯密**（Adam Smith，1723～1790）：英国经济学家、哲
   学家、作家，现代经济学的主要创立者，强调自由市场、自由
   贸易和劳动分工。他认为，人类的利己行为可以通过市场经济
   这只"看不见的手"创造良好的社会秩序，给人类带来福利。
   他的代表作有《国富论》《道德情操论》。

2. **孙末楠**（William Graham Sumner，1840～1910）：今译为萨

姆纳，美国社会学家、经济学家、民俗学家。代表作有《社会的科学》《民俗论》。

（成颖、刘伊超、屠琳盈　撰）

重要概念梳理表

　　费孝通在《乡土中国》的重刊序言中写道："这本小册子和我所写的《江村经济》《禄村农田》等调查报告性质不同。它不是一个具体社会的描写，而是从具体社会里提炼出的一些概念。"作者基于田野调查的丰富积累，从中提炼典型现象，形成了一系列重要概念，并对这些概念进行了理论上的阐释。这些概念"并不是虚构，也不是理想，而是存在于具体事物中的普遍性质，是通过人们的认识过程而形成的概念"。因此，抓住并理解核心概念无疑是读懂这部学术著作的关键。中小学语文统编教材总主编温儒敏在《〈乡土中国〉导读》中写道："更重要的，是要在正文的阅读中时时留意概念。碰到概念，就要停留一下，琢磨这么几点：这些概念是在哪些部分、什么'语境'中提出的，其内涵如何，属于一般概念还是核心概念，以及如何围绕概念展开论析，等等。"那么，《乡土中国》一书究竟提出了哪些概念？费孝通又是如何对这些概念进行解说的？同学们在阅读过程中可以借助《〈乡土中国〉概念梳理表》筛选文句，理解概念，寻绎概念间的联系，构建《乡土中国》的篇章结构，进而把握全书的主要内容和学术创见，理解其价值。

《乡土中国》概念梳理表（一）

指称乡土社会的概念	指称其他社会的对应概念
礼俗社会	法理社会
借助语言的社会	借助文字的社会
差序格局	团体格局
系维着私人的道德	系维着群体的宪法
小家族	家庭
男女有别	男女求同
礼治秩序	法治秩序
调解教化体系	司法诉讼体系
无为政治	有为政治
血缘社会	地缘社会

《乡土中国》概念梳理表（二）

概念	对应篇章	对应段落	概念解说
词	《再论文字下乡》第三章	第三段	"词"是人类特有的象征体系中最重要的内容。词可以外化为"语言""文字"两种形式，语言诉诸无形的声音，文字诉诸有形的符号。
		第七段	
差序格局	《差序格局》第四章	第七段	"差序格局"是中国乡土社会的一种社会格局。特点是：（1）个体是其社会影响推出去的圈子的中心，被圈子波及就发生联系；（2）圈子范围大小依据中心势力的厚薄决定，具有伸缩能力；（3）每个人在某时某地动用的圈子不同。
		第九段	
		第十一段	
		第十二段	

概念	对应篇章	对应段落	概念解说
团体格局	《差序格局》第四章	第四段	"团体格局"是现代西方社会生活中人与人关系的一种格局。特点是:(1)团体由个体组成;(2)个体对团体的关系相同,事先规定团体中的组别或等级分别;(3)团体界限分明。
道德观念	《系维着私人的道德》第五章	第二段	"道德观念"是在社会里生活的人自觉遵守社会行为规范的信念,包括行为规范、行为者的信念和社会的制裁。内容是人和人关系的行为规范,是由该社会的格局决定的。
代理者	《系维着私人的道德》第五章	第六段	"代理者"是团体格局社会中执行团体意志的人。
		第七段	
家族	《家族》第六章	第七段	乡土社会中的"家"具有长期可延续性,具备生育功能、政治功能、经济功能、宗教功能等,遵循单向父系扩大原则,排斥普通情感,是可伸缩的事业组织。
		第八段	
		第十段	
		第十一段	
		第十三段	
家庭	《家族》第六章	第五段	"家庭"即人类学中所界定的由亲子关系所构成的,以夫妇为主轴,两性合作,主要担负生育功能的,具有临时性和短暂性的生育社群。
		第六段	
		第十二段	
社群	《家族》第六章	第一段	"社群"指一切有组织的人群。本书中以"社群"来代替通常所说的"团体"。

概念	对应篇章	对应段落	概念解说
社会圈子	《家族》第六章	第一段	"社会圈子"指差序格局中所形成的社群,相当于"小家族"。
事业组织	《家族》第六章	第十段	"事业组织"指中国乡土社会中的家族或家庭,具有以下特点:(1)在生育、政治、经济、宗教等功能上具有绵延性;(2)主轴在父子、婆媳之间,夫妇是配轴;(3)这两轴都因事业的需要排斥了普通的感情,讲求纪律。
		第十一段	
		第十三段	
生活堡垒	《家族》第六章	第十二段	"生活堡垒"指西洋家庭团体。此类家庭里,夫妇是主轴,共同经营生育事务,两性之间的感情是家庭凝合的力量,家庭是人获取生活安慰的中心。
男女有别	《男女有别》第七章	第九段	在乡土社会中,为了寻求稳定的社会关系,男女之间的接触交往有严格限制,进而实现两性之间的隔离,阻止两性间的激动性感情给稳定秩序带来危害。传统社会中主要表现为强调男女应严守封建礼教。
		第十段	
		第十三段	
男女求同	《男女有别》第七章	第十一段	"男女求同"强调两性之间在相异的基础上,寻求互相的充分了解,获得感情的激动,进而获得强大的生命力和深刻的生活意义。在现代社会中的主要表现为恋爱的探索。
		第十二段	
人治	《礼治秩序》第八章	第三段	"人治"字面意思指有权力的人任凭一己的好恶来维持社会上人和人的关系的治理方式。(作者认为"人治"是一种不严谨的提法,在现实中不太可能发生。对此学术界有不同的界定。)

概念	对应篇章	对应段落	概念解说
礼治	《礼治秩序》第八章	第八段	"礼治"是依靠文化传统的力量，通过教化把"礼"内化为个人习惯，使人主动服从社会秩序的治理方式。
		第十五段	
		第十六段	
法治	《礼治秩序》第八章	第八段	"法治"是依靠国家权力来推行法律，从外限制人，使人被动服从社会秩序的治理方式。
		第十六段	
横暴权力	《无为政治》第十章	第二段	"横暴权力"是统治阶级为维护自身利益而强制维系压迫关系的权力。
		第四段	
		第六段	
		第七段	
		第八段	
		第十一段	
同意权力	《无为政治》第十章	第三段	"同意权力"是为保证社会分工的顺利进行，人们服从社会契约（也就是同意），在此基础上共同授予一部分人干涉他人的权力。
		第四段	
		第六段	
		第十一段	

概念	对应篇章	对应段落	概念解说
长老权力	第十一章《长老统治》	第一段	"长老权力"是乡土社会的一种权力形式,主要有以下特点:(1)是一种教化性的权力。不同的文化区域有着不同的规律,每个人要在社会中生活就要接受一番教化,从而明白并遵守规矩。(2)有强制性。被教化者没有选择的机会。我们称作文化的,是先于被教化者而存在的,不需要被教化者的承认,也不承认未成年人有意志。(3)依赖于稳定的文化传统。在几乎完全由传统规定下的乡土社会,教化才能发生效力。(4)建立在长幼之序的原则上。长幼划分是中国亲属制度中最基本的原则,每一个年长的人都有强制年幼的人的教化权力,因而也就产生了独特的"长老统治"。
		第二段	
		第三段	
		第四段	
		第九段	
		第十段	
血缘社会	第十二章《血缘和地缘》	第一段	"血缘社会"是乡土社会的一种结构形态。主要有以下特点:(1)用生育或者血缘维持社会结构的稳定。人和人之间的权利和义务根据亲属关系来决定,并且血缘所决定的社会地位不容个人选择。(2)文化缺乏变动,社会状态稳定。(3)人际关系依靠多方面和长期的人情往来维持,权利和义务无法"清算"。因此人与人之间权利和义务的平衡难以长久维持。
		第二段	
		第三段	
		第四段	
		第十一段	
		第十三段	

概念	对应篇章	对应段落	概念解说
地缘社会	《血缘和地缘》第十二章	第十三段	"地缘社会"是契约社会的一种结构形态,主要有以下特点:(1)是从商业里发展出来的社会关系。伴随着社会的变动和人际交往的复杂化,权利和义务"当场清算"的需求不断增加,这种"清算"就是商业。而寄籍在血缘性社区边缘的"陌生人"就成了商业活动的媒介,从而发展出一种非血缘性的社会关系。(2)人际关系以"契约"的方式维持,权利和义务的清算精密而确当。在商业活动中,人们用理性而非感情支配自己的行动。陌生人之间订立契约,用信用和法律来保证契约的进行,完成权利和义务的准确清算。
		第十五段	
		第十六段	
时势权力	《名实的分离》第十三章	第二段	"时势权力"是作者在本书中提出的第四种权力方式,它是用来描述乡土社会结构变迁的概念。时势权力发生在激烈的社会变迁过程中。社会新旧交替,时势造就英雄,因而容易发生时势权力。在生活困窘的初民社会、动荡的战争时期和激烈变动的现代社会,容易发生时势权力,而在安定的乡土社会中,时势权力则不容易出现。
		第四段	
		第五段	
		第六段	

概念	对应篇章	对应段落	概念解说
名实分离	《名实的分离》第十三章	第十一段	"名"有名义、名称的意思,"实"则是客观存在的意思。在本章中,"名"指乡土社会中长老权力占主导地位的形式,"实"指随着社会变迁而注入变动内容的客观现实。 "名实分离"指乡土社会中长老权力不容反对,反对慢慢变成了"注释",即在维持长老权力的形式下注入变动的内容,以求得和社会的发展相适应。这就是乡土社会中的名实分离。
欲望	《从欲望到需要》第十四章	第三段	"欲望"是人类行为的根据,它先于行为,规定了行为的方向,影响着人类在生活中进行取舍。此外,欲望是一种文化事实,它由文化而非遗传决定。欲望直接引导着人做出各种行为。
		第六段	
		第七段	
需要	《从欲望到需要》第十四章	第十三段	"需要"是自觉的生存条件。当社会变动快,欲望无法满足人类的生存条件和社会的发展时,人们会研究行为与目的间的关系,从而关注生存条件本身,这就是需要。
紧张状态	《从欲望到需要》第十四章	第三段	"紧张状态"是人类行为过程"欲望—紧张—动作—满足—愉快"中的一环。当人产生欲望,但欲望得不到满足时,人会感觉不舒服,产生一种想要满足欲望的劲头。这种劲头就是紧张状态。
功能	《从欲望到需要》第十四章	第十三段	"功能"是从客观的角度看,一项行为对于个人生存和社会发展的作用。它是分析的结果,与人的感觉和意识无关。

整本书思维导图

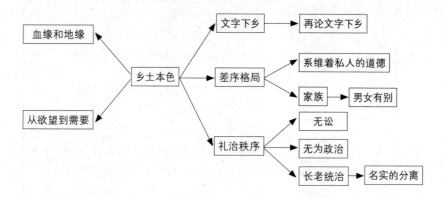

拓展阅读

《乡土本色》拓展阅读

一、阅读下列选文，回答问题。

选文一

《乡土本色》第十六段

选文二

《论语》中记录了孔子与弟子间有关"孝"的多次对话，如：

子曰："父在，观其志；父没，观其行。三年无改于父之道，可谓孝矣。"

（《论语·学而》）

孟懿子问孝。子曰："无违。"樊迟御，子告之曰："孟孙问孝于我，我对曰'无违'。"樊迟曰："何谓也?"子曰："生，事之以礼；死，葬之以礼，祭之以礼。"

（《论语·为政》）

子游问孝。子曰："今之孝者，是谓能养。至于犬马，皆能有养；不敬，何以别乎?"

（《论语·为政》）

子曰："事父母几谏，见志不从，又敬不违，劳而不怨。"

（《论语·里仁》）

子曰："孝哉闵子骞！人不间于其父母昆弟之言。"

（《论语·先进》）

1.选文二中，孔子对"孝"有哪些认识？请分类概述。

2.（1）选文一中，费孝通认为"乡土社会的特性"是什么？

（2）你是否同意他的观点？为什么？请结合两段选文谈谈你的理解。

二、阅读《平凡的世界》选文，回答问题。

选文一

孙少安好不容易把家里和队里的事安排停当，才抽开身到城里来了。

前两天，他赶着把家里自留地的南瓜和西葫芦都种上了。为了赶时间，他还把他妈和他姐也叫到地里帮忙。父亲在基建会战工地，又被强制给他姐夫赔罪，请不脱假。他不能错过播种季节。南瓜西葫芦，这是全家人一年最重要的一部分粮食。他还在自留地利用阴雨天修起的那几畦水浇地里，种了点夏土豆，又种了两畦西红柿和黄瓜。这些菜一般家里不吃，是为了将来卖两个零用钱的。

至于队里的事，那就更多了。冬小麦已经返青，需要除草和施肥，尿素和硫酸铵比较简单，撒在地里就行了，但碳酸铵要用土埋住，否则肥效发挥不了作用。需要好好把这些事安顿给副队长田福高，不敢让社员应应付付了事。另外，还要赶紧开始种黑豆和小日月玉米……直到他坐在过路回家的金波父亲的汽车上往县城去的时候，还觉得有许多事没有安排妥当……现在，他已经到润叶的宿舍里了。

选文二

"山里的活不是爸爸做着哩嘛！"少安反驳说，"如果把家分开，咱就是烧砖也能捎带种了自己的地！就是顾不上种地，把地荒了又怎样？咱拿钱买粮吃！三口人一年能吃多少？"

……

孙少安是双水村有史以来第一个用砖接窑口的。在农村，砖瓦历来是一种富贵的象征；古时候盖庙宇才用那么一点。就是赫赫有名的已故老地主金光亮他爸，旧社会箍窑接口用的也是石头，而只敢用砖砌了个院门洞——这已经够非凡了。可现在，孙少安却拿青砖给自己整修起灰蓬蓬一院地方，这怎能不叫双水村的人感慨？谁都知道，不久前，这孙家还穷得没棱没沿啊！

选文三

就像大晴天冷不丁下起了冰雹——孙少安的砖窑砸了！所有千辛万苦烧制的成品砖，出窑的时候，无一例外地布满了裂痕，成了一堆毫无用处的废物。

问题全部出在那个用高工资新雇来的河南人身上。这个卖瓦盆的家伙实际上根本不懂烧砖技术，而忙乱的少安却把掌握烧砖的火候的关键性环节全托付给他来掌握，结果导致了这场大灾难。灾难是毁灭性的。粗略地计算一下，损失在五六千元以上。这几乎等于宣布他破产了！

……

对于一个平凡的农民来说，要在大时代的变革浪潮中奋然跃起，那是极其不容易的。而跌落下来又常常就在朝夕之间。像孙少安这样一些后来被光荣地奉为"农民企业家"的人，在他们事业的初创阶段却是非常脆弱的。一个偶然的因素，就可能使他们处于垮台的境地；而那种使他们破产的"偶然性"却是惯常的现象。因为中国和他们个人都是在一条铺满荆棘的新路上摸索着前行。碰个鼻青脸肿几乎不可避免。这就是人们面对的现实。

3.请各用一句话简要概括三则选文的主要内容。

4.三则选文中，农民孙少安和土地的关系发生了怎样的变化？这与费孝通先生在本章中的观点有何异同？请结合选文与本章内容具体分析。

（刘智清、刘思伯、任敏 编写）

《文字下乡》拓展阅读

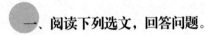 一、阅读下列选文，回答问题。

选文一

这时候，我的脑里忽然闪出一幅神异的图画来：深蓝的天空中挂着一轮金黄的圆月，下面是海边的沙地，都种着一望无际的碧绿的西瓜，其间有一个十一二岁的少年，项带银圈，手捏一柄钢叉，向一匹猹尽力的刺去，那猹却将身一扭，反从他的胯下逃走了。

……

第二日，我便要他捕鸟。他说：

"这不能。须大雪下了才好。我们沙地上，下了雪，我扫出一块空地来，用短棒支起一个大竹匾，撒下秕谷，看鸟雀来吃时，我远远地将缚在棒上的绳子只一拉，那鸟雀就罩在竹匾下了。什么都有：稻鸡，角鸡，鹁鸪，蓝背……"

我于是又很盼望下雪。

闰土又对我说：

"现在太冷，你夏天到我们这里来。我们日里到海边捡贝壳去，红的绿的都有，鬼见怕也有，观音手也有。晚上我和爹管西瓜去，你也去。"

"管贼么？"

"不是。走路的人口渴了摘一个瓜吃，我们这里是不算偷的。要管的是獾猪，刺猬，猹。月亮地下，你听，啦啦的响了，猹在咬瓜了。你便捏了胡叉，轻轻地走去……"

我那时并不知道这所谓猹的是怎么一件东西——便是现在也没有知道——只是无端的觉得状如小狗而很凶猛。

……

我素不知道天下有这许多新鲜事：海边有如许五色的贝壳；西瓜有这样危险的经历，我先前单知道他在水果店里出卖罢了。

"我们沙地里，潮汛要来的时候，就有许多跳鱼儿只是跳，都有青蛙似的两个脚……"

啊！闰土的心里有无穷无尽的希奇的事，都是我往常的朋友所不知道的。他们不知道一些事，闰土在海边时，他们都和我一样只看见院子里高墙上的四角的天空。

（节选自《呐喊·故乡》）

选文二

赵家遭抢之后，未庄人大抵很快意而且恐慌，阿Q也很快意而且恐慌。但四天之后，阿Q在半夜里忽被抓进县城里去了。那时恰是暗夜，一队兵，一队团丁，一队警察，五个侦探，悄悄地到了未庄，乘昏暗围住土谷祠，正对门架好机关枪；然而阿Q不冲出。许多时没有动静，把总焦急起来了，悬了二十千的赏，才有两个团丁冒了险，逾垣进去，里应外合，一拥而入，将阿Q抓出来；直待擒出祠外面的机关枪左近，他才有些清醒了。

……

老头子和气的问道，"你还有什么话说么？"

阿Q一想，没有话，便回答说，"没有。"

于是一个长衫人物拿了一张纸，并一支笔送到阿Q的面前，要将笔塞在他手里。阿Q这时很吃惊，几乎"魂飞魄散"了：因为他的手和笔相关，这回是初次。他正不知怎样拿；那人却又指着一处地方教他画花押。

"我……我……不认得字。"阿Q一把抓住了笔，惶恐而且惭愧的说。

"那么，便宜你，画一个圆圈！"

阿Q要画圆圈了，那手捏着笔却只是抖。于是那人替他将纸铺在地上，阿Q伏下去，使尽了平生的力气画圆圈。他生怕被人笑话，立志要画得圆，但这可恶的笔不但很沉重，并且不听话，刚刚一抖一抖的几乎要合缝，却又向外一耸，画成瓜子模样了。

阿Q正羞愧自己画得不圆，那人却不计较，早已擎了纸笔去，许多人又将他第二次抓进栅栏门。

（节选自《呐喊·阿Q正传》）

选文三

虽说故乡，然而已没有家，所以只得暂寓在鲁四老爷的宅子里。他是我的本家，比我长一辈，应该称之曰"四叔"，是一个讲理学的老监生。他比先前并没有什么大改变，单是老了些，但也还未留胡子，一见面是寒暄，寒暄之后说我"胖了"，说我"胖了"之后即大骂其新党。但我知道，这并非借题在骂我：因为他所骂的还是康有为。但是，谈话是总不投机的了，于是不多久，我便一个人剩在书房里。

……

我回到四叔的书房里时，瓦楞上已经雪白，房里也映得较光明，极分明的显出壁上挂着的朱拓的大"寿"字，陈抟老祖写的；一边的对联已经脱落，松松的卷了放在长桌上，一边的还在，道是"事理通达心气和平"。我又无聊赖的到窗下的案头去一翻，只见一堆似乎未必完全的《康熙字典》，一部《近思录集注》和一部《四书衬》。无论如何，我明天决计要走了。

（节选自《彷徨·祝福》）

选文四

2012 年，中央一号文件提出大力培育新型职业农民。之所以要大力培育新型职业农民，是因为从事农业生产经营的劳动者素质高低，直接影响着传统农业向现代农业转型的进程。新型职业农民是振兴乡村、发展现代农业的重要主体。培育新型职业农民对于加快推进农业现代化、推动农村经济社会发展具有重要意义。

与传统农民相比，新型职业农民"新"在以下几个方面。一是掌握先进农业生产技术，善于从事农产品经营。新型职业农民在科技知识、劳动技能、经营素质和管理经验等方面的水平都超过传统农民，他们是现代农业生产者和经营者，拥有较高的文化素养和农业专业技术能力。二是具有一定的开放性和流动性。传统农民扎根于土地，也往往圄于土地而难以流动，具有一定的封闭性。新型职业农民既可以是本地农民，也可以是外地农民，作为一种职业可以自由流动，具有相应的开放性。三是职业选择取决于自我选择和市场选择双重因素。与传统农民的代际传承不同，新型职业农民对农业生产经营具有一定偏好，而且善于应对市场变化，他们从事农业生产经营是自我选择与市场选择共同作用的结果。

实施乡村振兴战略，广大农民群众是主力军。做好"三农"工作要以农民为中心、以富民为根本，切实发挥农民在乡村振兴中的主体作用。为此，需要大力培育新型职业农民，促进传统农民向现代职业农民转变，通过激发农民的创造力提升农业农村生产力。

（节选自文军《大力培育新型职业农民》，《人民日报》，有改动）

1.本章第二段中费孝通认为"识字不识字并非愚不愚的标准"，你认同这个观点吗？请结合第二章内容及上面选文（任选一则或多则）加以阐述。

2.费孝通在本章第十八段提出"在乡土社会中，不但文字是多余的，连语言都并不是传达情意的唯一象征体系"的理由是什么？你认为乡土社会中文字是多余的吗？联系第二章内容及选文四谈谈你的思考。

二、阅读《边城》选文，回答问题。

选文一

前几天顺顺家天保大老过溪时，同祖父谈话，这心直口快的青年人，第一句话就说：

"老伯伯，你翠翠长得真标致，像个观音样子。再过两年，若我有闲空能留在茶峒照料事情，不必像老鸦成天到处飞，我一定每夜到这溪边来为翠翠唱歌。"

祖父用微笑奖励这种自白。一面把船拉动，一面把那双小眼睛瞅着大老。

选文二

来人说了些闲话，言归正传转述到顺顺的意见时，老船夫不知如何回答，只是很惊惶的搓着两只茧结的大手，好像这不会真有其事，而且神气中只像在说："那好的，那妙的。"其实这老头子却不曾说过一句话。

来人把话说完后，就问作祖父的意见怎么样。老船夫笑着把头点着说："大老想走车路，这个很好。可是我得问问翠翠，看她自己主张怎么样。"来人被打发走后，祖父在船头叫翠翠下河边来说话。

选文三

两人于是进了碾坊。

二老又说："你不必——大老，我再问你，假若我不想得到这座碾坊，却打量要那只渡船，而且这念头也是两年前的事，你信不信呢？"

那大哥听来真着了一惊，望了一下坐在碾盘横轴上的傩送二老，知道二老不是说谎，于是站近了一点，伸手在二老肩上拍打了一下，且想把二老拉下来。他明白了这件事，他笑了。他说："我相信的，你说的全是真话！"

二老把眼睛望着他的哥哥，很诚实的说：

"大老，相信我，这是真事。我早就那么打算到了。家中不答应，那边若答应了，我当真预备去弄渡船的！——你告我，你呢？"

"爸爸已听了我的话，为我要城里的杨马兵做保山，向划渡船说亲去了！"大老说到这个求亲手续时，好像知道二老要笑他，又解释要保山去的用意，"只是因为老的说车有车路，马有马路，我就走了车路。"

"结果呢？"

"得不到什么结果。老的口上含李子，说不明白。"

"马路呢？"

"马路呢，那老的说若走马路，我得在碧溪岨对溪高崖上唱三年六个月的歌。把翠翠心子唱软，翠翠就归我了。"

"这并不是个坏主张！"

"是呀，一个结巴人话说不出还唱得出。可是这件事轮不到我了。我不是竹雀，不会唱歌。鬼知道那老人家存心是要把孙女儿嫁个会唱歌的水车，还是预备规规矩矩嫁个人！"

"那你打算怎么样？"

"我想告那老的，要他说句实在话。只一句话。不成，我跟船下桃源去了；成呢，便是要我撑渡船，我也答应了他。"

"唱歌呢？"

"二老，这是你的拿手好戏，你要去做竹雀，你就赶快去吧，我不会捡马粪塞你嘴巴的。"

3.以上选文中出现的"唱歌""车路""马路""碾坊""渡船"等词语分别是什么意思？请用通俗的语言简要解释。

4.上述这些词语来自小说中人物的日常对话，今天的读者却往往需要借助注释才能明白其内涵。请仔细阅读本章第十三至十八段，用书中知识对此现象进行分析。

（刘智清、刘思伯、任敏 编写）

《再论文字下乡》拓展阅读

阅读下面选文，回答问题。

七斤嫂看着七爷的脸，竭力陪笑道，"皇帝已经坐了龙庭，几时皇恩大赦呢？"

"皇恩大赦？——大赦是慢慢的总要大赦罢。"七爷说到这里，声色忽然严厉起来，"但是你家七斤的辫子呢，辫子？这倒是要紧的事。你们知道：长毛时候，留发不留头，留头不留发……"

七斤和他的女人没有读过书，不很懂得这古典的奥妙，但觉得有学问的七爷这么说，事情自然非常重大，无可挽回，便仿佛受了死刑宣告似的，耳朵里嗡的一声，再也说不出一句话。

"一代不如一代——"九斤老太正在不平，趁这机会，便对赵七爷说，"现在的长毛，只是剪人家的辫子，僧不僧，道不道的。从前的长毛，这样的么？我活到七十九岁了，活够了。从前的长毛是——整匹的红缎子裹头，拖下去，拖下去，一直拖到脚跟；王爷是黄缎子，拖下去，黄缎子；红缎子，黄缎子——我活够了，七十九岁了。"

七斤嫂站起身，自言自语的说，"这怎么好呢？这样的一班老小，都靠他养活的人……"

赵七爷摇头道，"那也没法。没有辫子，该当何罪，书上都一条一条明明白白写着的。不管他家里有些什么人。"

七斤嫂听到书上写着，可真是完全绝望了；自己急得没法，便忽然又恨到七斤。伊用筷子指着他的鼻尖说，"这死尸自作自受！造反的时候，我本来说，不要撑船了，不要上城了。他偏要死进城去，滚进城去，进城便被人剪去了辫子。从前是绢光乌黑的辫子，现在弄得僧不僧道不道的。这囚徒自作自受，带累了我们又怎么说呢？这活死尸的囚徒……"

（节选自《呐喊·风波》）

1.选文中七斤一家遇到了怎样的风波？请根据文段内容进行概括。

2.阅读《再论文字下乡》的第九至十六段，回答问题。

（1）费孝通在本章中提出"乡下人没有文字的需要"，请根据推荐文段，概括乡土社会不需要文字的理由。

（2）选文中，七斤夫妇遇到风波时很看重"书上"的说法，乡土社会是否存在"用文字来帮助他们在社会中生活的需要"？请结合推荐阅读段落及选文，谈谈你的看法。

（王锡婷、牛佳音、胡艳彬 编写）

《差序格局》拓展阅读

一、阅读下面选文，回答问题。

颜渊问仁。子曰："克己复礼为仁。一日克己复礼，天下归仁焉。为仁由己，而由人乎哉？"

（《论语·颜渊》）

子贡问曰："有一言而可以终身行之者乎？"子曰："其恕乎！己所不欲，勿施于人。"

（《论语·卫灵公》）

子贡曰："如有博施于民，而能济众，何如？可谓仁乎？"子曰："何事于仁！必也圣乎！尧舜其犹病诸！夫仁者，己欲立而立人，己欲达而达人。能近取譬，可谓仁之方也已。"

（《论语·雍也》）

子路问君子。子曰："修己以敬。"曰："如斯而已乎？"曰："修己以安人。"

（《论语·宪问》）

1.《差序格局》第十一段引用《释名》中"沦"字的解说："伦也，水文相次有伦理也。"下列诗句中"沦"字的意思与此相同的一项是（　　）

A.河水清且沦猗。　　　　　　（《诗经·魏风·伐檀》）

B.同是天涯沦落人，相逢何必曾相识。（白居易《琵琶行》）

C.回头敛袂谢行人，丧乱漂沦何堪说。（韦庄《秦妇吟》）

D.祖国沉沦感不禁，闲来海外觅知音。（秋瑾《鹧鸪天》）

2. 阅读本章和《系维着私人的道德》第一段，下列关于东西方社会格局的表述不正确的一项是（　　　）

A.西洋社会以团体为单位，团体界限相对清晰明确。

B.乡土社会自给自足，个人与他人的联系并不是必需的。

C.差序格局以"己"为核心，与他人联系愈远愈薄。

D.任何社会格局中公与私都是相对的，国家利益至上。

3. 阅读《差序格局》的第十九段及选文，回答问题。

（1）费孝通在本章提出"群己关系"这一概念，请借此概念分析选文中节选的《论语》片段。

（2）本章第十九段描述的群己关系与选文中所体现的有何不同？

二、阅读下列选文，回答问题。

选文一

　　方才所说这小小之家，姓王，乃本地人氏，祖上曾作过小小的一个京官，昔年曾与凤姐之祖、王夫人之父认识。因贪王家的势利，便连了宗，认作侄儿。那时只有王夫人之大兄、凤姐之父与王夫人随在京中的，知有此一门连宗之族，余者皆不识认。

　　……刘姥姥道："……我到替你们想出一个机会来。当日你们原是和金陵王家连过宗的。二十年前，他们看承你们还好。如今自然是你们不肯去亲近他，故疏远起来。想当初我和女儿还去过一遭。他家的二小姐着实响快，会待人，到不拿大。如今现是荣国府贾二老爷的夫人。听得说，如今上了年纪，越发怜贫恤老，最爱斋僧敬道、舍米舍钱的。如今王府虽升了边任，只怕这二姑太太还认得咱们。你何不去走动走动，或者他念旧，有些好处，也未可知。只要他发一点好心，拔一根寒毛比咱们的腰还粗呢！"

　　……凤姐看见，笑而不睬，只命平儿把昨儿那包银子拿来，再拿一吊钱来，都送到刘姥姥的跟前。凤姐乃道："这是二十两银子，暂且给这孩子做件冬衣罢。若不拿着，就真是怪我了。这串钱，雇车坐罢。改日无事，只管来逛逛，方是亲戚们的意思。天也晚了，也不虚留你们了，到家里该问好的，问个好儿罢。"一面说，一面就站了起来。

（节选自《红楼梦》第六回）

选文二

忽见上回来打抽丰的那刘姥姥和板儿又来了，坐在那边屋里，还有张材家的、周瑞家的陪着；又有两三个丫头在地下倒口袋里的枣子、倭瓜并些野菜……刘姥姥因上次来过，知道平儿的身分，忙跳下地来问"姑娘好"，又说："家里都问好。早要来请姑奶奶的安，看姑娘来的，因为庄家忙，好容易今年多打了两石粮食，瓜果菜蔬也丰盛。这是头一起摘下来的，并没敢卖呢，留的尖儿，孝敬姑奶奶、姑娘们尝尝。姑娘们天天山珍海味的也吃腻了；这个吃个野意儿，也算是我们的穷心。"平儿忙道："多谢费心！"又让坐。

……（刘姥姥）说着又往窗外看天气，说道："天好早晚了，我们也去罢，别出不去城，才是饥荒呢！"周瑞家的……一径去了，半日方来，笑道："可是你老的福来了，竟投了这两个人的缘了。二奶奶在老太太的跟前呢。我原是悄悄的告诉二奶奶：'刘姥姥要家去呢，怕晚了赶不出城去。'二奶奶说：'大远的，难为他扛了那些沉东西来，晚了就住一夜明儿再去。'这可不是投上二奶奶的缘了？这也罢了，偏生老太太又听见了，问刘姥姥是谁。二奶奶便回明白了。老太太说：'我正想个积古的老人家说话儿，请了来我见一见。'这可不是想不到天上缘分了？"

（节选自《红楼梦》第三十九回）

选文三

有个婆子进来回说："后门上的人说，那个刘姥姥又来了。"王夫人道："咱们家遭着这样事，那有工夫接待人。不拘怎么回了他去罢。"平儿道："太太该叫他进来，他是姐儿的干妈，也得告诉告诉他。"……（平儿）便一五一十的告诉了。把个刘姥姥也唬怔了。等了半天，忽然笑道："你这样一个伶俐姑娘，没听见过'鼓儿词'么，这上头的方法多着呢。这有什么难的!"平儿赶忙问道："姥姥，你有什么法儿? 快说罢。"刘姥姥道："这有什么难的呢，一个人也不叫他们知道，扔崩一走就完了事了。"平儿道："这可是混说了。我们这样人家的人，走到那里去?"刘姥姥道："只怕你们不走，你们要走，就到我屯里去。我就把姑娘藏起来，即刻叫我女婿弄了人，叫姑娘亲笔写个字儿，赶到姑老爷那里，少不得他就来了。可不好么?"……（平儿）急忙进去，将刘姥姥的话，避了旁人告诉了……平儿便将巧姐装做青儿模样，急急的去了。

（节选自《红楼梦》第一百十九回）

4.根据选文填写表格。

人物	事件	原因	表现	结果
刘姥姥	一进贾府	（1）	忐忑不安，不知能否如愿	（2）
	二进贾府	（3）	/	留宿贾府，游赏大观园
	三进贾府	得知贾府出事，前来探望	（4）	当机立断，携带巧姐出逃

5.一介贫苦村妇刘姥姥是如何与簪缨大族贾家攀上关系的? 请结合《差序格局》的第五至七自然段及三段选文进行分析。

（王锡婷、牛佳音、胡艳彬 编写）

《家族》拓展阅读

阅读下列选文，完成问题。

选文一

《家族》第三至十三段

1. 下列关于选文一的理解和分析，不符合文意的一项是（　　）

A. 所谓大家庭和小家庭的差别不是在所包括的人数上。一个有十多个孩子的家是"小家庭"，一个有公婆儿媳四个人的家是"大家庭"。

B. 家庭是亲子所构成的生育社群，亲子指它的结构，生育指它的功能。家庭社群也有生育之外的其他功能，但是所经营的事务受着很大的限制。

C. 生育功能是短期的，家庭社群因之是暂时性的。但在中国乡土社会中，家在结构上是一个氏族，氏族本是长期的，因而"家"也必须是绵续的。

D. 西洋家庭中，夫妇间的感情是凝合的力量，感情使家庭成了获取生活安慰的中心。中国家庭中，夫妇因排斥了普通的感情而可以更好地经营事业。

选文二

扩大家庭曾经是中国人的梦想，人们常常用"子孙满堂"来表述长辈的成功与幸福。有人指出，中国传统社会是以大家庭为主其实是一种误解。人们确实是以大家庭为理想，但并未普遍存在过所谓的大家庭。事实上，所谓的大家庭主要存在于世族门阀之中，而且这样的人毕竟是少数，绝大多数庶民是以核心家庭（由一对父母和未成年子女组成）或者主干家庭（由一对父母和一对已婚子女组成）为主的小家庭，扩大家庭式的大家庭并不广泛存在。

扩大联合家庭是由一对父母和多对已婚子女（或者再加其他亲属）组成的家庭。尽管大家庭曾被普遍认为是中国历史上的主流家庭形态，但大量的历史数据已对其证伪。

早在战国时期，各诸侯国出于军事考量即提倡早婚以增加出生人口，并开始关注核心家庭与生育之间的关系。不仅如此，不同于欧洲传统的长子继承制，诸子均分家产制度在中国从战国之后便被一贯推行。商鞅变法时更采取"民有二男不分异者倍其赋"的政策，以此强制父子、兄弟分家建立小家庭。

秦统一后直至明清，中国家庭历经"汉型家庭—唐型家庭—宋型家庭"的模式变迁。尽管在魏晋南北朝短暂出现过少数"千人共籍""百室合户"的特大型家庭，宗族伦理与基层治理需求也使得三代及三代以上直系家庭长期占据一定比例，但由父母与未成年子女组成的核心家庭户却一直是民间的主要家庭形态之一。不仅如此，由于存在户等制度和按户抽丁税等政策设计，百姓虚假分家或合户以避徭役税赋的做法一直难以杜绝，政府推行按户分田、按土地征税（如"计田出夫""摊丁入亩")等政策更进一步促进了民间分家立户。有研究表明，最晚至18世纪中后期，中国核心家庭户所占比例已超过50%。

近代以后，小家庭主流化的趋势更加显著，随着清末和民国时期的城镇发展及社会变动，核心家庭、五人及以内的主干家庭成为家庭户类型的主流形态。与此同时，当时的一些社会理论家还认为中国传统家庭观念和大家庭模式是建设现代化国家的重大障碍，西方核心家庭被视为现代家庭的理想形式，家庭改革进而与"强国梦"紧密相连，这些文化因素无疑对当时的家庭模式产生了一定影响。

中华人民共和国成立初期，土地改革引发大量农村家庭分家立户，中国家庭数量激增、规模锐减。此后，高生育率和不断下降的死亡率使得家庭规模略有增大，直至20世纪70年代后随着生育率的变化，家庭规模开始持续快速缩小。这一时期一系列社会变革将个人从家庭中抽离，嵌入城市单位、社区或农村人民公社，进一步弱化了原先家庭承担的诸多功能。

不难看出，由于历史条件和社会环境的不同，中国"传统"家庭的边界具有很大的模糊性和不确定性，但其内核仍体现出某种一致性。大家庭从来都不是中国家庭的主要类型，小家庭（主要是核心家庭、主干家庭）居多的情况在中国历史早期就已出现，而并非是在近现代才骤现的。

（选自《中国社会科学》，作者彭希哲、胡湛，有删改）

2.下列关于以上两则选文的理解和分析，不符合文意的一项是（　　）

A.选文一中，作者认为中国乡土社会基本社群应称作"小家族"而不是大家庭，这是因为中国历史上并未普遍存在过所谓的大家庭，选文二即证明了这一点。

B.中国的家，扩大的路线是单系的，在结构上是一个氏族，在父系原则下女婿和结了婚的女儿都是外家人，是因为他们与本家不是一个姓氏。

C.从战国、秦直至明清，核心家庭一直是中国民间主要家庭形态之一。古代中国的法令制度既有维系大家庭的一面，也有促其分居立户的一面。

D.近代中国小家庭主流化的趋势更加显著，部分理论家认为中国传统家庭观念和大家庭模式成了建设现代化国家的障碍，西方核心家庭被视为现代家庭的理想形式。

3.根据选文二，分条概括影响中国传统家庭模式变迁的主要因素。

选文三

以血缘亲情为纽带的价值观深深影响着中国传统的家族文化。古人云："世间百姓，皆祖宗以脉所分也。"意思就是说现在的百家姓，都是由同一祖先所分出的，其实我们古代的炎黄传说也证明了这一观点。因此，家族社会总是将血缘亲情放在极其重要的地位，比如以前皇帝修宗祠、立族谱等，都是对于血缘关系的强烈崇拜。另一方面以按资排辈为原则的等级观也是影响家族文化的因素。等级制度不仅仅存在于一个国家、一个民族，在一个家族中也是普遍存在的。虽然家族等级制度在当今已经罕见了，但是它的的确确曾是家族文化中的一个重要方面。现在的父母为自己的孩子起名，还有不少人会遵照祖先遗留的族谱上的规定来为孩子命名，其目的也是为了凸显出家族中的一种等级观念。

西方家族文化的产生根源于西方的工业革命，由于欧洲各国较早地进入资本主义发展阶段，使得理性的平等的思想传入大多数家庭，这无疑是对以往的家族传统和观念的更新。因而西方家族文化的特点首先是重视理性的价值观。尊重理性使得西方许多家庭对于亲情血缘关系看得并不是特别重要，而是更关注事物发生的原因及本质。用一句话总结就是西方家庭更加重视公正、理性，即使是问题关于父母也一定要纠正，不会因为是长辈的原因而迁就。

对于西方家族文化来说最明显的另一特点就是崇尚自由主义和个人主义的人生观。这也是与中国的以孝为核心的家族观相区别的。西方生活普遍不以家庭和亲情关系为中心，孩子从小就被灌输独立自主的观念，成年后父母不再抚养他们。而子女一旦独立，对父母家的事情也不再理会，西方大多数国家中，老人晚年没有儿孙陪伴是司空见惯的事情，但我们不可否认的是，很多的西方家庭成员还是彼此尊重，彼此关注成员的爱好、发展的，与中国家族一样彼此互相鼓励，共同进步。所以对于西方家族文化特点的认识也不能绝对化，因为一些重要的伦理道德原则是不能被更改的。

中国拥有古老的家族文化，而西方的具有现代特色的家族文化是与中国有着许多差异的。中国家族文化以血缘亲情关系为主，整个中华民族都是炎黄的子孙，所谓大家族不单单是指自己的直系亲属，只要是有血缘关系的都是家族中的成员，每一个成员都要遵守家族的规定，履行应尽的义务，所以对于整个社会来说，每个家庭都会有自己特有的观念体系，而婚后家庭内部实行的是"家国一体"的方式，就是说个人不是单个的个体，是从属于家族，个人和家族是息息相关的。而西方国家是以核心小家庭为主，也就是说当子女结婚后，就会另外组成一个小家庭，而这个小家庭的观念是与整个社会相适应的，自身并没有很深的家族底蕴，家族中的每一个成员也是以平等和谐的关系相处的。

众所周知，人类社会大致有四种存在形式：个体、家庭、国家和天下。中国的传统家族文化是推崇爱家文化的价值观念，希望过着和平的家庭生活，一切以孝为先是中华民族的优良传统，这也就意味着子女看待父母的重要性要远远大于社会，许多孩子的目标之一就是希望长大能够回报父母。而西方社会则推行公共的价值导向，这与西方家庭的教育有着密切关系。从小学校和父母都会教导自己的学生或者孩子要报答社会，为社会做贡献才能实现自身真正的价值，每一个家庭都会让孩子参加许多社会义务劳动，做志愿者，让他们更好地了解社会，而从内心产生出一种强烈的社会责任感。

综上，不难看出，由于中西方历史文化、价值取向和教育体系的不同，所以家庭观念和家庭成员关系不同，并由此产生两种截然不同的家族文化。

（选自《赤子》，作者姚洪磊，有删改）

4.结合选文一和选文三，对比中西方家族文化的差异，并

解释下列社会现象产生的原因。

现象：中国人推崇"父母在，不远游"，而西方孩子成年后"离巢而飞"，与父母分离，更别说赡养父母、几代同堂了。

（李楠 编写）

《男女有别》拓展阅读

阅读下列选文，回答问题。

选文一

"男女有别，然后父子亲。父子亲，然后义生。义生，然后礼作。礼作，然后万物安。无别无义，禽兽之道也。"产生于两千多年前的《礼记》，作为国人第一本系统性的人际交往指南，对男女交往有着一套近乎苛刻的规定。我们看到，《红楼》世界里的人和事，尽可能地体现了"男女有别"这一原则、精神，也大致反映了那个时代人们基本的生活风貌。具体地，它表现在以下几个方面：

首先，活动场所回避。传统社会里，男子和女子有各自不同的生活场所，男外而女内，彼此之间不能随便出入。例如，第3回，写荣府的正室：

> 一条大甬路，直接出大门的。进入堂屋中，抬头迎面先看见一个赤金九龙青地大匾，匾上写着斗大的三个大字，是"荣禧堂"。

那么，它是不是女主人王夫人的活动场所呢？非也。

> 原来王夫人时常居坐宴息，亦不在这正室，只在这正室东边的三间耳房内。

荣府的正室，是贾政待客的地方，而作为女主人，王夫人绝少在这里出现。这即体现了"男女有别"的要求。当然，最典型的是大观园，它由专人把守，发挥着重要的隔离功能，除了贾宝玉，没有特殊事由，那些"泥做的、浊气逼人的"男子一律不能入内，由此形成了一个由女儿主导的自由天地。这些贵族少女平日里在此游玩嬉戏、作诗抒怀，貌似风花雪月、五彩缤纷，可细究起来，她们所有的活动都被限定在指定区域，过着"贾母处——王夫人处——大观园"这样"三点一线"的单调生活。第五十六回，平儿笑道：

> 这有个原故：姑娘们所用的这些东西，自然是该有分例。每月买办买了，令女人们各房交与我们收管……没有一个我们天天各人拿钱，找人买头油又是脂粉去的理。

由此，我们明白，因为不能随便走出家门，即便女孩子日用的化妆品，她们也不可能自己去挑选，而是由他人代为采买。

其次，日常交往回避。就日常生活而言，贾府里的人们时刻注意男女之间的性别回避。用第六十五回中贾琏的小厮兴儿的话说，这些事项叫作"正经大礼"。例如，第十三回，写秦可卿之丧：

> 可巧这日非正经日期，亲友来的少，里面不过几位近亲堂客，邢夫人、王夫人、凤姐并合族中的内眷陪坐。闻人报："大爷进来了。"唬的众婆娘唿的一声，往后藏之不迭，独凤姐款款站了起来。

第四十八回，写薛蟠远行：

> 薛姨妈命人请了张德辉来，在书房中命薛蟠款待酒饭，自己在后廊下，隔着窗子，向里千言万语嘱托张德辉照管

薛蟠。张德辉满口应承，吃过饭告辞……

像上述描述，在我们今天，这几乎是不可想象的事情了。然而，它却是那个时代人们真切的生活，非但不违"礼"，恰是合乎"礼"的。

再次，隔绝内外信息。《礼记》云"男不言内，女不言外""内言不出，外言不入""外言不入于梱，内言不出于梱"。所有这些，都意在强调，男人谈的事情不得让女人知道，女人谈论的事情也不可让男人知道。街谈巷议不得带入闺房；妇女在闺房所讲的话也不得拿到外边宣扬。例如，第四十八回，言及香菱学诗：

> 宝玉道："这也算自暴自弃了。前日我在外头和相公们商议画儿，他们听见咱们起诗社，求我把稿子给他们瞧瞧。我就写了几首给他们看看，谁不真心叹服？他们都抄了刻去了。"探春、黛玉忙问道："这是真话么？"宝玉笑道："说谎的是那架上的鹦哥！"黛玉、探春听说，都道："你真真胡闹！且别说那不成诗，便是成诗，我们的笔墨也不该传到外头去。"

在网络时代的今天，许多人常常利用炒作手段，千方百计地使自己的作品扩散、传播，以求获得广泛的关注。然而，探春、黛玉的年代，她们的智力成果只能限定在内部交流的层面。如果流传到外面，且不论诗歌的创作水平，她们很可能面临"闺门不谨"的负面评价，因此，探春、黛玉都极力向宝玉强调，她们写的诗是不能拿到外面去的。正是严格的信息隔离，限制了女性的视界，禁锢了她们的思想和观念，也极大地影响了她们对外部世界的认知。在这方面，我们看到，探春、湘云、黛玉等人都表现出知识和经验的不足及匮乏，而宝钗则表现出明显的优势。如第五十六回，探春说了"外行话"：

> "从那日我才知道，一个破荷叶，一根枯草根子，都是值钱的。"宝钗笑道："真真膏粱纨绮之谈。虽是千金小姐，原不知这事……"

第五十七回，湘云、黛玉不认识"当票"：

> 一语未了，忽见湘云走来，手里拿着一张当票，口内笑道："这是什么账篇子？"黛玉瞧了，也不认得。地下婆子们都笑道："这可是一件奇货，这个乖可不是白教人的。"宝钗忙一把接了，看时，就是岫烟才说的当票，忙折了起来。

这里，宝钗之所以在社会知识方面具有比较优势，原因在于其特殊的家庭环境（薛家属于皇商）使她有机会参与到了社会实践之中，从而较少地受到男女之间信息隔离的影响。由此，当探春说"从那日我才知道，一个破荷叶，一根枯草根子，都是值钱的"时，这表明了她对闺阁之外的知识的敏感，是其精细、聪明之处。她虽然终日被封闭在闺阁之中，但这并没有使她失去对外部世界的感知能力。

第四，禁止情感沟通。准确地说，传统社会里，并不是要禁止男女之间沟通情感，而是禁止他（她）们私下里进行沟通，要沟通的话，就须符合礼法规定的样式。这就是所谓"发乎情而止乎礼"。除了无休止地试探，惴惴不安地担心未来，即便彼此深爱，宝、黛两个人始终没有勇气再向前跨出一步，甚至，他（她）们连向贾母、贾政夫妇袒露心迹的勇气都没有。因为在当时的文化语境里，即便内心里有这样的想法，都是逾礼的。

此外，透过薛蝌与邢岫烟、宝钗与宝玉婚事的描写，我们看到，即便定亲之后，这种禁止也丝毫没有松懈。第五十七回写道：

> 如今薛姨妈既定了邢岫烟为媳，合宅皆知。邢夫人本欲接出岫烟去住，贾母因说："这又何妨，两个孩子又不能见面，就是姨太太和他一个大姑，一个小姑，又何妨？况且都是女儿，正好亲香呢。"邢夫人方罢。

这里，薛蝌和邢岫烟的婚事一定，邢夫人马上就要把后者接出大观园，为的是避免两人可能的私下碰面和接触。只是由于贾母根据实际情况，认为即便住在大观园里，两个人也没有见面机会，邢夫人才打消了起初的想法。第九十回，为了排遣心中的苦闷及感慨命运对未婚妻的不公，薛蝌还写了一首诗："蛟龙失水似枯鱼，两地情怀感索居。同在泥涂多受苦，不知何日向清虚。"其实，这首诗的字里行间很值得推敲，薛蝌和邢岫烟同住在荣府之中，怎么能算作"两地情怀感索居"呢？两人根本就是在"一地"，这样说来，薛蝌错了。然而，如上分析，即便他（她）们两人同住在荣国府，可是从订婚至结婚这段时间，两人也根本没有见面的机会，这么说来，真的可以算作"两地"了，薛蝌又是正确的了。一向知书达理、模范地遵守传统礼法秩序的薛宝钗，当然在这方面不会降低自己的行为标准。第九十五回：

> 宝钗也知失玉。因薛姨妈那日应了宝玉的亲事，回去便告诉了宝钗……宝钗自从听此一说，把"宝玉"两个字自然更不提起了。如今虽然听见失了玉，心里也甚惊疑，倒不好问，只得听旁人说去，竟像不与自己相干的。

按照礼法，经过订婚程序，两个人就成了未婚的夫妻关系。

按理说，关系得到了认可和确定后，男女双方之间的情感交流会变得更频繁、密切，然而，我们看到，事实恰恰相反，订婚后的两个人更要注意回避。这里，当薛宝钗知道自己已经成为贾家的媳妇后，对贾府的事务事事回避，即便宝玉生病也不过来探望，甚至连宝玉的名字也不提及，硬是装出一副素不相识、老死不相往来的样子。

综上，结合文本，笔者归纳了传统社会里"男女有别"原则在生活中的一些具体表现。阅读《红楼梦》，如果我们不留意这些制度，就很难理解其中人物的生活方式，如果对这些制度缺乏基本的认知，我们也很难理解文本所反映的社会风貌。那么，我们怎么看待和评价这些制度呢？

对此，一段时间以来，我们总是习惯"标签化"地解读，认为这是传统社会里的"糟粕"。事实上，如果立足当时的语境加以审视，我们也应该看到，这些制度的被"发现"以及在这片土地上的长期实践，表明其具有重要的社会功能，体现了古人在构建家庭以及社会秩序方面的持续性努力。众所周知，传统社会是熟人社会，人们基于亲缘关系聚族而居，人口很少流动。那么，在一个很少自然流动的小型社区，"何为个体需要的最基本的秩序""如何形成、维系和保持最基本的秩序"的问题就变得尤其重要，甚至，在人类社会早期，这也是个普遍的问题。在《纲常、礼仪、称呼与秩序建构：追求对儒家的制度性理解》一文中，苏力教授把这一问题，称为"安提戈涅问题"。在他看来，安提戈涅最大的痛苦不是外部世界的：亲人（父母兄弟）的相继离世、城邦政治动荡，或克里翁不让她安葬自己的哥哥。她最大的痛苦是内心精神世界的：俄狄浦斯王弑父娶母的真相暴露，完全摧毁了安氏界定的自己与生活世界的坐标系、参照系。毕竟，"没有基本的秩序，就没有社会生活和社会制度，每个人都无法安排自己的生活，无从理解自己生活的意义。"而"子弑父""少凌长"的社会实践及安提戈涅寓言一再表明：血缘的秩序维系功能不总是有效的。

基于对人性的深刻洞察，早期儒家学者提出了"齐家"这一系统性的方案来回应这个问题，其中，就规范男女关系，他们倡导"男女有别"、强调践行严格的性别回避，来"防止性的冲动和僭越，防止小社区内经常交往日久生情"，从而尽可能地防范社区中出现"安提戈涅问题"。可以说，儒家的这种秩序建构的努力大致上是成功的，很多时候，它只是表现为一种家族法层面的规范，不见得是正式的法律制度。然而，它却比正式的制度更能影响人们的思想观念和日常生活，不但反映在《红楼》的世界里，也深刻地影响了我们的民族心理，进而沉淀为一种"身体记忆"。卢梭说，真正的法律，既不是铭刻在大理石上，也不是铭刻在铜表上，而是铭刻在公民们的内心里。在这一意义上，它是真正的法。

（节选自张未然《〈红楼梦〉家族规范中的"男女有别"》，有改动）

选文二

"十三能织素，十四学裁衣，十五弹箜篌，十六诵诗书。十七为君妇，心中常苦悲。君既为府吏，守节情不移。贱妾留空房，相见常日稀。鸡鸣入机织，夜夜不得息。三日断五匹，大人故嫌迟。非为织作迟，君家妇难为！妾不堪驱使，徒留无所施。便可白公姥，及时相遣归。"

府吏得闻之，堂上启阿母："儿已薄禄相，幸复得此妇，结发同枕席，黄泉共为友。共事二三年，始尔未为久，女行无偏斜，何意致不厚？"

阿母谓府吏："何乃太区区！此妇无礼节，举动自专由，吾意久怀忿，汝岂得自由！东家有贤女，自名秦罗敷，可怜体无比，阿母为汝求。便可速遣之，遣去慎莫留！"

（节选自《古诗为焦仲卿妻作》）

选文三

（爱姑）"自从我嫁过去，真是低头进，低头出，一礼不缺。他就是着了那滥婊子的迷，要赶我出去。我是三茶六礼定来的，花轿抬来的呵！那么容易吗？……我一定要给他们一个颜色看，就是打官司也不要紧。县里不行，还有府里呢……"

（慰老爷）"打官司打到府里，难道官府就不会问问七大人么？那时候是，'公事公办'，那是……你简直……"

（爱姑）"那我就拼出一条命，大家家败人亡。"

"年纪青青。一个人总要和气些：'和气生财'。对不对？"爱姑没想到原本帮着自己的七大人此时竟说出这样的话。

爱姑觉得自己是完全孤立了；爹不说话，弟兄不敢来，慰老爷是原本帮他们的，七大人又不可靠，连尖下巴少爷也低声下气地像一个瘪臭虫，还打"顺风锣"。但她在胡里胡涂的脑中，还仿佛决定要作一回最后的奋斗。

……

她打了一个寒噤，连忙住口，因为她看见七大人忽然两眼向上一翻，圆脸一仰，细长胡子围着的嘴里同时发出一种高大摇曳的声音来了。

"来——兮!"七大人说。

她觉得心脏一停,接着便突突地乱跳,似乎大势已去,局面都变了;仿佛失足掉在水里一般,但又知道这实在是自己错。

立刻进来一个蓝袍子黑背心的男人,对七大人站定,垂手挺腰,像一根木棍。

爱姑知道意外的事情就要到来。她这时才又知道七大人实在威严,先前都是自己的误解,所以太放肆,太粗卤了。她非常后悔,不由的自己说:

"我本来是专听七大人吩咐……"

(节选自《彷徨·离婚》)

1.选文一从《红楼》世界的哪些方面看到了"男女有别"的规范构建起来的社会秩序?这与费孝通在本章所阐释的"男女有别"同乡土社会秩序的关系是否相同?请结合本章内容分析。

2.《古诗为焦仲卿妻作》讲述了焦仲卿的母亲棒打鸳鸯的故事,《离婚》讲述了爱姑反抗离婚最终失败的故事。请结合本章内容,从社会层面分析刘兰芝和爱姑失败的原因。

(谭瑢 编写)

《无讼》拓展阅读

● **阅读下面选文，回答问题。**

　　国无常强，无常弱。奉法者强，则国强；奉法者弱，则国弱。荆庄王[①]并国二十六，开地三千里；庄王之泯社稷也，而荆以亡。齐桓公并国三十，启地三千里；桓公之泯社稷也，而齐以亡。故有荆庄、齐桓，则荆、齐可以霸；今皆亡国者，其群臣官吏皆务所以乱而不务所以治也。其国乱弱矣，又皆释国法而私其外，则是负薪而救火也，乱弱甚矣！

　　故当今之时，能去私曲就公法者，民安而国治；能去私行行公法者，则兵强而敌弱。故审得失有法度之制者，加以群臣之上，则主不可欺以诈伪；审得失有权衡之称者，以听远事，则主不可欺以天下之轻重。今若以誉进能，则臣离上而下比[②]周；若以党举官，则民务交而不求用于法。以誉为赏，以毁为罚也，则好赏恶罚之人，释公行，行私术，比周以相为也。故忠臣危死于非罪，奸邪之臣安利于无功。此亡之本也。若是，则群臣废法而行私重，轻公法矣。数至能人之门，不一至主之廷；百虑私家之便，不一图主之国。属数虽多，非所以尊君也；百官虽具，非所以任国也。故臣[③]曰：亡国之廷无人焉。廷无人者，非朝廷之衰也；家务相益，不务厚国；大臣务相尊，而不务尊君；小臣奉禄养交，不以官为事。此其所以然者，由主之不上断于法，而信下为之也。故明主使法择人，不自举也；使法量功，不自度也。能者不可弊，败者不可饰，誉者不能进，非者弗能退，则君臣之间明辩而易治，故主雠④法则可也。

故曰：巧匠目意中绳，然必先以规矩为度；上智捷举中事，必以先王之法为比。故以法治国，举措而已矣。法不阿贵，绳不挠曲。法之所加，智者弗能辞，勇者弗敢争。刑过不避大臣，赏善不遗匹夫。故矫上之失，诘下之邪，治乱决谬，一民之轨，莫如法。厉官威民，退淫怠，止诈伪，莫如刑。刑重，则不敢以贵易贱；法审，则上尊而不侵。上尊而不侵，则主强而守要，故先王贵之而传之。人主释法用私，则上下不别矣。

（选自《韩非子·有度》，有删节）

【注释】

①荆庄王：即楚庄王，春秋时期"五霸"之一。

②比：接近，勾结。

③臣：韩非自称。

④雠（chóu）：校对，以……核对。

思考题

文中，韩非子围绕"以法治国"阐述了自己的治国理念。请结合《乡土中国》第九章《无讼》中的观点，谈谈韩非子以法治国的理念是否适用于现代社会。

《无为政治》拓展阅读

思考题

在《乡土中国》第十章《无为政治》中，费孝通说，乡土社会里的横暴权力是无为的。请结合《平凡的世界》中的相关情节，谈谈你对这句话的认识。

（韩伟燕、初黎晨、张晶晶 编写）

学
习
任
务

《乡土中国》整本书阅读任务——调查访问

任务设计宗旨

本部分将指导同学们以"今日中国乡村的变迁"为话题，设计调查问题，完成调查报告。

费孝通先生在谈到《乡土中国》的成书时说，本书"是一面探索一面讲的……尝试回答我自己提出的'作为中国基层社会的乡土社会究竟是个什么样的社会'这个问题"。作者对社会问题有着深切的关注和深入的思考，并在长期、大量的实地调查的基础上分析问题、阐释概念，用"提出问题—分析问题—解决问题"的阐释思路架构出整本书的体系。作者治学的方法与态度是我们在阅读中不可忽视的。

本书最初出版于 1948 年，距今已七十多年。在此期间，中国经过探索、建设，国力大大增强，中国社会目前也处在转型的关键时期，乡村在与城市的碰撞、融合中，有了全新的面貌。这些发展变化既是《乡土中国》一书内容的延续，又是今日"中国乡土"发展的成就，应当得到同学们的关注。

对《乡土中国》一书，同学们阅读的主要困难在于理解学术性语言、逻辑性论述及陌生的研究内容。本部分旨在以同学们的实际问题为出发点，引导大家关注今日中国乡村，设计调查问卷，进行实地调查，用客观、发展的眼光认识事物；同时加深对《乡土中国》的理解，并在提出和解决问题的过程中使自己的阅读、研究能力得到提升。

费孝通先生用调查研究的方式为自己的疑惑寻找答案，本身就是一种示范，相信以这种方式完成对《乡土中国》这一"调查报告"的深入阅读，将是一种巧妙而有效的尝试。

● 调查示例

本部分以"居住环境""文化生活""乡村风俗"和"乡村管理"四个主题为例，为同学们展示设计问卷调查的具体方法和注意事项。

本次调查的话题为"今日中国乡村的变迁"，同学们可在教材所提供的角度外再拟定其他角度，如人口结构、城市化进程等，但要注意与《乡土中国》一书相关。另外在设计问卷前，还需要查找资料，对调查内容和对象进行深入了解，并运用批注、抄录等方法细读本文，将与调查相关的内容整理出来，为设计问题做准备。

中国乡村居住环境调查

第一阶段　调查准备

1. 调查目标

（1）了解目前中国乡村居民的居住环境，从生活条件的角度认识乡村变迁；

（2）了解目前乡村社会特性、结构等的发展变化；

（3）结合、运用《文字下乡》《从欲望到需要》等章节里的相关知识内容设计问题，并在研究、分析过程中巩固对书本的理解。

2.调查意义

居住环境从广义上可理解为人们劳动工作、生活居住、休息娱乐和社会交往的空间场所，是评价、衡量乡村居民生活水平的重要标准。

费老在《乡土本色》中分析了乡土社会的特性，同时在《血缘和地缘》中分析了乡土社会由血缘关系向地缘关系的转变，这一转变势必会体现在人们居住环境的变化中。

乡土社会生活环境单一、固定的特点，会随着社会发展、社会转型而改变。调查乡村居住环境的变化，能让我们直观地感受、认识乡村生活的现状，进而了解乡村社会特性、结构的发展变迁。

3.调查对象

中国乡村常住人口。

4.问卷设计

第二阶段　实施调查

【问卷示例】

关于"中国乡村居住环境"的调查

年龄：　　　　　　　性别：

1.您现在居住的房屋属于_____

126

A.自建房 　　　　　B.联建房

C.商品房 　　　　　D.其他

2.您所居住的房屋所有权形式是_____

A.国家所有 　　　　B.集体所有

C.个人所有 　　　　D.租住

3.与您共同生活的人员（包括您）数量为_____

A.1～2人 　　　　　B.2～3人

C.4～5人 　　　　　D.其他

4.您所住房屋的人均居住面积为_____

A.5～15平米 　　　B.15～25平米

C.25～30平米 　　　D.其他

5.您所住房屋的采暖方式为_____

A.烧煤/炭采暖 　　B.电采暖

C.集中式供暖 　　　D.其他

6.您与家人最常用的出行方式是_____

A.步行/自行车 　　B.乘公共交通工具

C.自驾车 　　　　　D.其他

7.您最常去的医疗机构是_____

A.村卫生室 　　　　B.乡镇卫生院

C.县级医院 　　　　D.其他

8.您最常去的购物场所是_____

A.集市 　　　　　B.小型超市 　　　　C.大型超市

D.网络购物 　　　E.其他

9.请根据您的实际情况，为您所在地区各项情况的完善度打分

（在1～10分值区间内打分）

①住房条件＿＿＿＿＿＿　　⑤教育设施＿＿＿＿＿＿

②环境卫生＿＿＿＿＿＿　　⑥娱乐设施＿＿＿＿＿＿

③交通设施＿＿＿＿＿＿　　⑦生活便利程度＿＿＿＿

④医疗设施＿＿＿＿＿＿　　⑧社会治安＿＿＿＿＿＿

10.您所在地区处理垃圾的方式是＿＿＿＿＿＿

　　A.卫生填埋　　　　B.垃圾堆肥

　　C.垃圾焚烧　　　　D.其他

11.您所在地区的自然环境及空气质量＿＿＿＿＿＿

　　A.非常好　　　　　B.一般

　　C.比较差　　　　　D.非常差

12.您所在地区是否存在工业污染＿＿＿＿＿＿

　　A.是　　　　　　B.否　　　　　　C.不清楚

13.您所属家庭的耕地情况是＿＿＿＿＿＿

　　A.无耕地　　　　　B.有耕地自种

　　C.有耕地外包　　　D.耕地自种外包结合

14.下列描述与您实际情况最相符的是＿＿＿＿＿＿

　　A.我与亲戚住得很近，关系密切

　　B.我与住得较远的亲戚关系比邻居密切

　　C.我与住得较远的亲戚关系不如邻居密切

　　D.我的亲戚不多，邻里关系比亲戚更密切

15.下列描述符合您所在地区实际情况的是（可多选）＿＿＿＿＿＿

　　A.所在地区人员流动不大

　　B.选择外出务工的人员不断增多

　　C.选择到城镇置业的人员不断增多

D.返乡生活的人员不断增多

E.我与亲戚及邻居关系均较为疏远

第三阶段　报告撰写

本问卷的内容包括：住宅条件、交通情况、生活设施、自然环境、耕地情况、人际交往、人员流动。

问卷对住宅归属、共居人数、人均居住面积及居住环境满意度等进行了调查，能够较全面地了解受访者的住房情况。自然环境及污染情况能在一定程度上反映出乡村在城镇化进程中所受的影响。耕地、人际交往与人员流动情况则能为土地归属、地域固定等乡村社会基本特质的调查提供有效数据。

同学们对数据结果进行分析后，要结合《乡土本色》《血缘和地缘》等章节中关于土地归属、地域固定、熟悉社会的发展变化，及从血缘社会到地缘社会的转变等内容，撰写调查报告。

中国乡村文化生活调查

第一阶段　调查准备

1.调查目标

（1）了解中国乡村居民文化生活现状，从文化角度认识乡村社会意识形态的发展和变迁；

（2）了解乡土基层特质的变迁，以及乡村百姓的日常生活需求；

（3）运用《文字下乡》《从欲望到需要》等章节中的相

关知识内容设计问题，并在研究分析过程中巩固对书本的理解。

2.调查意义

文化，作为一种精神力量，是建立在物质资料的基础之上的，它既反映了人们的精神面貌，又能转化为物质资料，影响社会发展。

中国的传统乡土社会是不需要文字的"面对面社群"，但随着社会的发展，人的需求是不断增长的，《从欲望到需要》一章指出，乡村将向更自觉、理性且有规划的社会形态发展。

文化生活是人们生活方式与思维方式的反映，影响着人们的交往实践，甚至是社会格局。调查当今乡村文化生活，能够在巩固阅读的同时，进一步了解今日中国乡村的精神文明发展情况及社会结构。

3.调查对象

中国乡村常住人口。

4.问卷设计

第二阶段　实施调查

【问卷示例】

关于"中国乡村文化生活"的调查

年龄：　　　　　性别：　　　　　学历：

1.您平均每年图书阅读量为_____

A.基本不读　　　　B.1～3本

C.4～6本　　　　　D.7本以上

2.您阅读图书的频率为_____

A.每日阅读　　　B.每周3次左右　　C.每月4次左右

D.偶尔阅读　　　E.基本不阅读

3.您感兴趣的阅读类别有（可多选）_____

①报纸杂志　　　②文学类　　　③艺术类

④历史军事　　　⑤哲学宗教　　⑥亲子教育

⑦保健养生　　　⑧科技类　　　⑨网络小说

⑩网络推文　　　⑪其他

4.您每天进行体育锻炼的时长为_____

A.很少锻炼　　　B.30分钟以下

C.30～60分钟　　D.60分钟以上

5.您每月参加集体文娱活动的频次为_____

A.很少参加　　　B.1～3次

C.4～6次　　　　D.经常参加

6.您每年外出旅游的频次为_____

A.很少出游　　　B.1～2次

C.3～4次　　　　D.4次以上

7.您日常主要的休闲方式为（可多选）_____

①看电视　　　　②旅游　　　　③电子游戏

④文艺活动　　　⑤看电影　　　⑥健身运动

⑦读书看报　　　⑧家庭聚会　　⑨园艺

⑩购物　　　　　⑪聚会　　　　⑫上网

⑬打麻将　　　　⑭其他

8.您获取信息的主要方式为（可多选）_____

    A.报刊   B.电视   C.网络

    D.听周围人说   E.其他

9.您对社会新闻的关注程度为_____

    A.非常关注   B.比较关注

    C.无所谓   D.与我无关

10.您认为丰富的文化生活对您来说_____

    A.非常重要   B.比较重要

    C.可有可无   D.不感兴趣

第三阶段　报告撰写

    阅读作为文化活动的重要内容之一，能够在很大程度上反映个体或群体的文化需求及文化实践情况，问卷1至3题从阅读量、阅读频率和阅读内容三方面调查乡村居民的阅读现状；第4题通过体育锻炼时长了解人们对健康生活的重视程度；5至8题关注娱乐生活；9、10两题调查人们对文化生活的需求和重视程度，更侧重于调查乡村居民的文化自觉意识。

    研究建议：

    阅读情况、休闲娱乐：对照《文字下乡》等章节内容，研究乡土社会基层性质的变迁；

    体育锻炼、文化自觉意识：对照《从欲望到需要》，研讨乡村居民"欲望"与"需要"的转变。

中国乡村风俗调查

第一阶段　调查准备

1.调查目标

（1）了解以满月酒为代表的乡村风俗，以此角度认识乡村风俗反映出的人际关系、家庭经济情况等；

（2）了解城市中的满月酒风俗，对比发现城乡风俗差异背后区域、文化、人员关系、经济、地位等因素的影响；

（3）进一步理解《差序格局》《系维着私人的道德》等章节中的"差序格局""克己复礼""关系网络"等内容，尝试运用这些内容解释风俗形成、延续、变化的原因。

2.调查意义

"满月酒"是中国各地普遍存在的民间礼俗仪式，举办者往往会邀请亲朋好友参加，以此为新生儿送上祝福，进而表达感情、增进关系。通过对"满月酒"这一风俗的内容、关系主体、座次安排、馈赠礼品、所需费用及所占家庭收入比例等要素的了解，可以发现风俗活动内容随地点改变而发生的变化，进而讨论风俗变迁的原因及其背后的文化心理及社会问题。

3.调查对象

乡村居住者、从乡村来到城市的人员。

4.问卷设计

第二阶段 实施调查

【问卷示例】

关于"XXX地区满月酒习俗"的调查

"满月酒"是人们为庆祝婴儿出生一个月而举办的酒宴，以此祝愿新生儿健康成长。不同地区举办满月酒的习俗不同，您所在的乡村或城市是如何举办满月酒的呢？请您回答以下问题，帮助我们了解满月酒的习俗。

1. 您的年龄_____

    A.18 岁及以下   B.19 ～ 30 岁

    C.31 ～ 50 岁   D.50 岁以上

2. 您的学历_____

    A.高中及以下   B.大学专科、本科 C.研究生及以上

3. 您的职业_____

    A.农民   B.私营业主   C.公务人员

    D.工人   E.在校学生   F.退休、自由职业或无业

4. 您（或家庭）的年收入水平_____

    A.5 万元以下   B.5 ～ 10 万元

    C.11 ～ 20 万元   D.20 万元以上

5. 您到城市后参加过满月酒吗？_____

    A.参加过   B.没有

（如您一直居住在农村或未在城市里参加过满月酒，请跳过 6 ～ 13 题。）

6.您在城市以何种身份参加主人举办的满月酒?(可多选)_____

    A.亲戚   B.朋友   C.同事、同学

    D.同乡   E.其他_____

7.您到城市后每年参加满月酒的次数大概是多少? _____

    A.1～5次   B.6～10次

    C.11～20次   D.20次以上

8.您在城市参加满月酒时是否需要准备贺礼;如需要,一般是什么?

    需要_____   不需要_____(画○)

    A.红包   B.儿童用品或玩具

    C.水果牛奶等食品   D.其他_____

9.您在城市为参加满月酒,每年的支出大概是多少? _____

    A.1000元之内   B.1000～4999元

    C.5000～10000元 D.10000元以上(请填写数额)_____

10.您对在城市参加满月酒的看法如何? _____

    A.愿意参加   B.不得不参加   C.无所谓

11.您及家人在城市举办过满月酒吗?如有,是在哪一年?整体费用大约是多少?

    有_____,在_____年   没有_____(画○)

    A.1000元以下   B.1000～4999元

    C.5000～10000元 D.10000元以上(请填写数额)_____

12.您认为在城市举办满月酒的原因及作用是什么? _____

    A.祝贺父母,送去祝福   B.亲朋团聚,增进感情

    C.收纳贺礼,平衡收支   D.人情往来,扩大交际

    E.其他_____

13.您在城市举办满月酒时如何排定来宾的座次？（简答题）

14.您所居住的乡村以何种形式举办满月酒？（可多选）_____

    A.在家庆祝   B.流水席（时间为_____天）

    C.去餐厅或酒店   D.其他_____

15.参加满月酒的人员主要包括哪些人？（可多选）_____

    A.孩子父母   B.孩子祖父母   C.其他亲戚

    D.朋友   E.同事   F.其他_____

16.参加满月酒的人数大约为多少？_____

    A.10人以内   B.11～20人

    C.21～50人   D.50人以上

17.您每年参与满月酒活动的次数大概是多少？_____

    A.1～5次   B.6～10次

    C.11～20次   D.20次以上

18.您所在的乡村，参加满月酒时是否需要准备贺礼？如需要，
    一般是什么？

    需要_____   不需要_____（画○）

    A.红包   B.儿童用品或玩具

    C.水果牛奶等食品   D.其他_____

19.您为参加满月酒，每年的支出大概是多少？_____

    A.1000元之内   B.1000～4999元

    C.5000～10000元   D.10000元以上（请填写数额）_____

20.您以何种身份参与主人举办的满月酒？_____

    A.亲戚   B.朋友   C.同事、同学

D.同乡　　　　　E.其他_____

21.您对参加满月酒的看法如何？_____

　　A.愿意参加　　　　B.不得不参加　　C.无所谓

22.您和家人举办过满月酒吗？如有，在哪一年？整体费用大约是多少？

　　　　有_____，在_____年　没有_____（画〇）

　　A.1000元以下　　　B.1000～4999元

　　C.5000～10000元D.10000元以上（请填写数额）_____

23.您认为举办满月酒的原因及作用是什么？_____

　　A.祝贺父母，送去祝福　　　　　　B.亲朋团聚，增进感情

　　C.收纳贺礼，平衡收支　　　　　　D.人情往来，扩大交际

　　E.其他_____

24.您举办满月酒时如何排定来宾的座次？（简答题）

第三阶段　报告撰写

　　本问卷的内容包括：满月酒的举办地点、参与人员、参与人数、参加次数、贺礼、参与支出、参与态度、与主办者关系及举办费用、原因、座次安排等。

　　问卷调查涉及：乡村与城市中举办满月酒的规模、参与人员、座次安排、贺礼等。通过调查，我们了解到参与者与主人关系的亲疏。通过比较乡村、城市的满月酒习俗，得出结论：不论是在乡村还是城市，举办满月酒并邀请宾客，都是对礼俗仪式场合中关系主体的确认；对受邀者座次的安排，是差序格局的体现；来宾贺礼的内容与价值是对人情边界的再确定；乡

村风俗的内容和传承，体现着乡村精神的内核；乡村与城市举办满月酒的内容、方式等外在形式存在差异，但是内在原因与所反映的差序格局、人情往来等是相似的。

同学们对数据结果进行分析后，要结合《差序格局》《系维着私人的道德》等章节中关于亲属关系、地缘关系、私人关系的内容，撰写调查报告。

预期结论：

人们通过满月酒表达祝福，体现社会地位，沟通情感，获取资源，建立并维系关系网。

中国乡村管理情况调查

第一阶段　调查准备

1.调查目标

（1）了解目前我国乡村管理的现状，包括管理模式、管理机构或组织、管理效果，以及乡村管理人员的基本情况等。

（2）对"法治"与"礼治"的关系中反映出来的典型现象进行重点梳理，针对"如何提升村民的法律意识"给出管理策略与建议。

2.调查意义

乡村管理主要涉及的对象是村民、村委会、村党支部和乡镇政府。乡村管理的合理化、有序化能够促进乡村的发展。

现代社会体系能够正常运转，必然有支撑它运行的"规则"。当前阶段，中国乡村的现代化建设必然要经历"法制化"的过程，但中国毕竟有着深厚的乡土传统，如何在发展过程中尊重传统、因地制宜，引导乡民守法、知礼，调整好"法治"与"礼治"的平衡，很考验乡村管理者的水平。对这一课题的调研，也能让我们深入了解乡村社会实际，提升思维品质。

《长老统治》中提到民主政治的形式与个人意志、社会强制间的关系，文化和政治的区别，这些是我们在研讨乡村治理的过程中需要关注的因素。

本调查有助于我们了解中国目前的乡村管理现状、乡村管理人员情况，结合乡土社会特点分析当前乡村管理中存在的问题及原因，讨论适合中国社会特点的乡村管理方式。

3.调查对象

村民及乡村管理人员。

4.问卷设计

第二阶段 实施调查

实施调查前，可再次阅读《礼治秩序》《长老统治》等章节，进一步理解乡土社会中传统的维持及作用，还有礼治的前提、长老统治的依据等内容；搜集反映乡村治理、村民关系的案例、文艺作品，如电影《秋菊打官司》《光荣的愤怒》等，尝试理解中国乡村复杂的现实状况，为调研做好准备。

关于"中国乡村管理情况"的调查

1.您所在的乡村主要采取哪种管理模式？_____

    A.行政管理   B.法治管理

    C.自治管理   D.其他_____

2.您所在的乡村包含以下哪些管理机构或组织？（可多选）_____

    A.村委会   B.党支部

    C.自治组织   D.村民小组

    E.乡中长者或权威 F.其他_____

3.以下管理机构或组织管理效果相对显著的是哪一个？_____

    A.村委会   B.党支部   C.自治组织

    D.村民小组   E.其他_____

4.您所在地区乡村管理人员的选择标准是什么？（可多选）_____

    A.上级委派或指定 B.人品   C.能力

    D.学历   E.家境   F.社会地位

    G.对本地区贡献 H.年龄   I.其他_____

5.您村里的管理人员主要通过什么方式产生？_____

    A.村民选举   B.上级委派

    C.上任村干部指定 D.不了解

6.您对本村管理干部的产生方式是否满意？（在 1 ～ 5 分值区间内打分）

    不满意 1 2 3 4 5 非常满意

7.如遇纠纷，您常用的解决方式是什么？_____

    A.私下协商解决   B.找村干部调解

    C.找村里德高望重的人公断   D.家族内解决

E. 打官司

8. 一般在什么情况下您会寻求通过法律途径解决问题
（可多选）_____

    A. 请求给予赡养费、抚养费的

    B. 请求支付劳动报酬的

    C. 弱势群体（经济困难者、残疾人、未成年人等）利益受损

    D. 道路交通事故人身损害赔偿纠纷

    E. 婚姻家庭纠纷

    F. 土地承包经营权、生产资料等纠纷

    G. 住宅改建或占地边界等纠纷

    H. 其他

9. 您对通过法律途径解决问题怎样看？_____

    A. 不需要，内部即可解决问题

    B. 必要性不大，法律并不公平

    C. 有必要，但成本太高

    D. 虽能解决问题，但有伤情面

    E. 很有必要，也很有效

10. 您主要通过什么渠道了解法律知识？_____

    A. 电视、广播、互联网等大众传媒   B. 村里的普法宣传

    C. 专业人士的法律援助   D. 没有什么渠道

（如果您是乡村管理人员，请继续完成下面的内容。）

11. 您是本地人吗？_____

    A. 是   B. 不是（已在本地生活或工作_____年）

12. 您所在地区的乡村管理人员集中在哪个年龄段？_____

    A. 25～35 岁   B. 36～45 岁

C.46～55 岁　　　D.55 岁以上

13.您所在地区乡村管理人员的学历主要是什么？_____

A.高中及以下　　　B.大学专科

C.大学本科　　　D.研究生

第三阶段　报告撰写

本问卷的内容包括：乡村的管理模式、管理机构或组织、管理效果、管理人员、发展方向。

管理模式、管理机构或组织、管理效果可以体现乡村管理的具体情况，是乡土化、礼治程度的体现。乡村管理人员的选择标准、年龄、性别、学历、身份等信息能够体现乡村管理从"礼治"到"法治"的过渡程度、新时期乡村管理的现状。我们的目标是在此基础上，找到当下中国农村治理的特点、农民对于法律的认识转变，这应当是与《礼治秩序》中的相关论述不同的地方。同学们对数据结果进行分析后，结合《礼治秩序》《长老统治》等章节中关于"礼"、"法"、教化权力与文化认同等内容，撰写调查报告。

预期结论：

1.乡村管理需要"礼治"与"法治"相结合，多种管理模式相融合。

2.要加强普法宣传，建立完善的"法律下乡"机制。

3.要提升乡村管理者的素质，使其在充分了解乡村、村民特点的基础上采用适合的管理方式。

（李培培、李倩男　编写）

参考答案

《乡土本色》拓展阅读

1. ①父母在世时:"孝"体现在物质上的赡养、照顾和精神上的尊重、关怀。②父母故去后:"孝"体现在能够继承先人遗志,以及通过丧葬、祭祀等仪式表达出的慎终追远之情。

2. (1)乡土社会中的人生活在熟悉的环境中,不追求普遍的原则,而重视具体的经验。

(2)【示例1】认同。因为选文二中的材料能对上述观点进行补充、证明。孔子在《论语》中没有直接告诉弟子"孝"的理论内涵,而是阐述了在不同的情境中"孝"的具体表现。这是对材料一中"孝是什么?孔子并没有抽象地加以说明,而是列举具体的行为,因人而异地答复了他的学生"这一观点的证明,以此说明乡土社会中人对生活或事物的认识是从熟悉的生活情境中得到的一些个别经验,而不是抽象的普遍原则。

【示例2】不认同。因为孔子对"孝"的理解和认识,不仅是基于个体生活经验之上的,也是从物质、精神、言行等方面抽象概括出来的、具有普遍适用性的结论。因此,我认为结合《论语》选文来看,费孝通认为"从熟悉里得来的认识是个别的,并不是抽象的普遍原则"构成"乡土社会的特性"的观点不能成立。

3. 选文一:侍弄完全家赖以为生的土地后,孙少安应田润叶之邀进城,路上依然挂念队里的土地。

选文二：孙少安因开砖厂致富，建了全村首个以青砖接口的窑洞，不再重视种地。

选文三：因被烧砖师傅蒙骗，孙少安的砖厂遭遇毁灭性打击。

4.①从直接依赖土地生存到间接依赖土地。孙少安以前依靠在土地上种植庄稼直接获得生活资源，无法摆脱贫困；他改变生产方式，开建砖厂而发家致富，在逐渐摆脱直接依靠土地生存的境况之后，又遭遇了沉重的打击。

②费孝通在本章中认为"土地"是农民的命根，中国农民靠种地谋生，因此他们黏着在土地上，不流动，不迁移，他们与土地紧密相依的同时也受土地的束缚。同时，作者认为乡土社会在进入现代社会的过程中，"乡土社会中所养成的生活方式处处产生了流弊"。

同：选文一中，孙少安时刻挂念土地，于私于公，土地对他意义重大。这表明，即使是 20 世纪 60、70 年代的我国农村，农民与土地之间依然联系紧密，农民依赖土地也受土地束缚。

尽管费孝通先生在文中并没有明确指出有哪些流弊，但选文三中孙少安的砖厂遭遇毁灭性打击，也应是其中一例。乡土社会没有给予农民孙少安甄选技术人员的经验与能力。

异：选文二和选文三中，孙少安与土地之间的关系渐趋松散，他逐渐摆脱完全依赖农业生存的状态。这表明，在改革开放大潮冲击下，我国农村也在悄然改变。尽管孙少安的砖厂依然取资于土地，但砖厂已不再是农业的一部分。随着现代化的推进，农民与土地的黏着关系发生了变化。

《文字下乡》拓展阅读

1.【示例1】认同。不识字未必愚蠢，正如费孝通在第二章中所说的，识字不识字是知识层面的问题，不是智力方面的问题。乡下人不识字，是因为缺少识字的需求和城市生活所需要的经验，但这并不能说乡下人"愚"，因为他们在乡村生活经验方面明显要比城里人懂得多，更"聪明"。选文一中，闰土是一个不识字的乡下少年，但是在捕鸟、守田地、识动物方面，远比"我"这个城市少年知道得多。在他面前，"我"反而显得"愚钝"。因此"识字不识字并非愚不愚的标准"。

此外，"识字也未必不愚蠢"。选文三中的鲁四老爷，虽是识字的地主乡绅，然而在辛亥革命前后，他所骂的居然还是"新党"康有为，书房里挂的还是陈抟老祖的寿字、内容陈腐的对联，阅读的还是脱离时代的旧书，这一切都表明鲁四老爷虽然识字，却依然是封建、愚昧的。综上可知，"识字不识字并非愚不愚的标准"。

【示例2】不认同。我认为不识字就是愚的标准。因为不识字，就无法阅读书籍，无法获得更多样的知识和更开阔的视野，因而容易思维简单、思想僵化，容易受骗，进而做出愚蠢的行为。选文二中，阿Q被诬陷为劫匪而被抓走，并被判了死刑。处决之前要签认罪书，因为他不识字，所以他读不懂认罪书上的内容，无法获知自己将要被处死的结果和被处死的原因，进而在认罪书上画圈同意，甚至为画不圆而羞愧、自责。因为不识字，阿Q盲目认罪，至死都是麻木愚昧的人。

2.费孝通的结论主要基于以下两方面的认识：（1）文字在传

情达意方面存在不完善的地方。（2）乡土社会是熟人社会，人们习惯面对面交流，拥有特殊的语言，也可以使用足声、声气、动作、表情等辅助交流，文字不是必需的交流工具。

【示例】我认为乡土社会中文字是否多余这个问题应该结合具体情境来谈。在传统而保守的乡土社会里，人们从事的活动主要围绕着农业生产，人口的流动性不大。在相对固定的生活空间里，人们彼此熟悉，可以使用除文字之外的其他多种方式进行交流，文字不是必要的交流工具，正如费孝通所说的，文字是多余的；但是，随着乡土社会向现代社会迈进，人们生活的地域空间在扩大，人口流动性增大，"熟人社会"向"陌生人社会"转变，生产方式也由第一产业向第二、第三产业拓展，并逐渐与新兴科技相结合，农民原有的个体化的经验知识，已不足以应对现代化的生产生活。在这种情境之下，文字能够克服时空阻碍，将人类在生产生活中积累的宝贵经验和最新的科研成果记录下来，并传承下去。农民通过识字学习，进而可以阅读书籍、掌握相关知识技术，实现由传统农民向现代职业农民的转变。因此，在这一过程中，文字非但不是多余的，而且是提高农业生产力、培养新型职业农民、实现传统农业向现代农业转变的工具。文字下乡，知识才能下乡，才能改变农民的思想观念，真正实现科技下乡，扶贫工作的核心在于"扶智"。

3.①"唱歌"是青年男女向彼此求爱的方式，是一种自由恋爱的表达。

②"车路"是指将自己的人生大事托付给媒人，请媒人去向意中人说亲，是一种"官方的"、被动的求婚方式。

③"马路"是指将人生大事掌握在自己手里，主动花时间

和精力唱歌求爱，是一种主动的、自由的求婚方式。

④ "碾坊"代表的是碾坊主王团总的女儿，象征着丰足的物质。选择碾坊，就意味着接受衣食无忧的富足生活。

⑤ "渡船"代表的是撑船老人的孙女翠翠，象征着美好的爱情。选择渡船，就意味着愿意接受风吹雨打的水上生活。

4.① "唱歌""车路""马路"是边城茶峒地方男女婚姻中的一些特殊语言。茶峒属于传统的乡土社会，人们在长时间相处中，彼此熟悉，有着相似的经历，这些以车、马、唱歌等为象征的语言，有着当地人共同认同的固定意义，是其日常生活的一部分。非此环境中的人因为并不拥有这样的共同经历与生活经验，自然很难理解某些固定的语言，而需要借助小说中具体的情境进行理解。

② "渡船""碾坊"这两个具有象征意义的词语适用的范围更小一些，是大老和二老彼此熟悉的词语，两人为兄弟，都对翠翠抱有美好的感情，兄弟二人熟知彼此，使用的语言具有更小团体中的特殊语言的意味。这种发生在二人之间的特殊语言，二人以外的人很难明白。

《再论文字下乡》拓展阅读

1.七斤撑船进城，被革命党剪掉了辫子，很快有传言说"皇帝已经坐了龙庭"，没有辫子的人罪责深重，还会连累家人。七斤和七斤嫂十分恐慌，深感绝望，惶惶不可终日。

2.（1）①乡土社会生活安定，以土地为生的人们往往历世不移，每代人的生活环境基本相同；②生活环境相同决定了世代经验少有变化，无需累积；③生活经验口口相传即可，无需文字。

（2）费孝通认为"乡下人没有文字的需要"，然而《风波》中描绘的乡土社会与费孝通笔下的并不相同，因此二者对文字的需求也不尽相同。

①本章观点：在相对稳定的乡土社会，世代经验少有变化，无需累积，故不需要文字。选文中革命党造反推翻帝制，七斤上城被抓，被剪了辫子，转眼间皇帝又复辟坐上了龙庭，没有辫子的七斤惴惴不安。七斤一家面临剧烈的社会动荡，原有的生活被打破，依靠其所拥有的乡土生活经验无力应对如此复杂的局势。

②本章观点：稳定的乡土社会中，人必然可从比他年长的人那里获得较为有效的解决问题的办法。文中九斤老太尽管已七十九岁高龄，而其拥有的关于"长毛"的经验却与现下形势完全无关，无法为七斤提供有效的应对措施。既无经验可传递，自然也不存在借助语言的必要性。

③本章观点：当乡土社会处于从定型向不定型转化的过程中时，文字就有其存在的必要了。赵七爷的说法源于书本，文字意味着权威，七斤夫妇必然存在向有学问、有经验的赵七爷求助的需要。然而深究赵七爷所引用的书本内容，其实也不能为七斤摆脱困境提供有效指导，原因还是在于这些知识已与时代脱节。

因此，随着时代、社会的发展，乡土社会中传统的经验传递方式必将发生变化，文字必将成为社会生活中的重要工具。

《差序格局》拓展阅读

1.A。A项使用的是"沦"的本义，与题干一致。B项"沦落"：驱逐流落。C项"漂沦"：漂泊沦落。D项"沉沦"：陷入罪恶、痛苦的境地。

2.D。并非任何社会格局都是国家利益至上，乡土社会中的人往往是没有现代国家观念的，甚至会将私利凌驾于公义之上。

3.（1）①孔子认为"己"为道德体系核心，首先需要克己修身；②孔子重视以己为中心的外推：以宽仁之心对待别人（"己所不欲，勿施于人"），以道义之心成就别人（"己欲立而立人，己欲达而达人"）；③《论语》中的群己关系是在修养自身的前提下，以己利群，以己安群，与周围人形成良性关系，是一种更完美的道德关系。

（2）本章第十九段中描述的群己关系以一己私欲为前提，无视道德规范，亦无自身修养境界的追求，它以自我为中心，以亲疏远近为衡量标准，来判定争取和赋予利益的多寡。因而此种群己关系是对立、争夺的关系，是一种更直接的利益关系，"己"在害群而非利群。

4.（1）上门认亲，开口乞求救济　（2）未被留宿，带银钱回家　（3）果蔬丰收，感恩贾府援助　（4）主动献计，解救巧姐于危难

5.乡土社会的差序格局中，每个人是其社会影响推出去的圈子的中心，每个人在某时某地所动用的关系不同，差序格局中人际交往圈的大小由处于中心的"己"决定。刘姥姥的人际圈子以其自家为中心，为摆脱困境，想到向曾经连宗的王家求助，利用同姓与王家攀上关系，将自己划入"王家人"的范畴。

差序格局中自家人包括"任何要拉入自己的圈子，表示亲热的人物"，王夫人及凤姐嫁入贾府，刘姥姥得到周济后便主动带着果蔬来到贾府报恩，通过王夫人、王熙凤与贾家产生联系。后来刘姥姥成为巧姐的干妈，巧姐遇难时伸出援手，成为贾家败落时为数不多的雪中送炭之人，刘姥姥"自家人"的范围不断扩大，与贾家联系逐渐密切。

《家族》拓展阅读

1.D。　　2.A。

3.中国家庭在历史中常被工具化，国家、政府往往会出于治理需求而对家庭实施工具性操作，并成为家庭变迁的巨大推力。主要因素有三方面：

其一，军事需要、宗族伦理，以及基层治理、户籍制度、赋税制度等。

其二，城镇化进程，以及经济制度、文化传播因素的影响。

其三，社会变动，国家改造在近现代中国家庭变迁中的作用尤为显著。

4.其一，中国乡土社会是差序格局，利用亲属伦常组合社群，家的性质是绵续性的事业社群，主轴是在父子之间。西洋家庭是团体性的社群，经营的事务主要是生育儿女，家庭中夫妇是主轴，子女是配角，他们长大了就会离开家庭团体。

其二，中国家族文化以血缘、亲情关系为主，家族总是将血缘、亲情放在极其重要的地位上。西方文化的特点是重视理性，并且崇尚自由主义和个人主义。孩子从小就被灌输独立自主的观念，西方家庭对于亲情、血缘关系看得并不是特别重。

其三，中国家族文化推崇爱家的价值观念，一切以孝为先，这也就意味着子女会认为父母的重要性要大于社会。西方社会推行公共的价值导向，学校和父母都会教导孩子要报答社会，为社会做贡献才能实现自身真正的价值。

《男女有别》拓展阅读

1.选文一从活动场所回避、日常交往回避、隔绝内外信息、禁止情感沟通四个方面概括了"男女有别"的规范构建起来的社会秩序。

这与费孝通在本章的阐释相同。《红楼梦》中的贾家，虽然不是乡下的村落，而是京城的名门望族，但它本质上仍是按照差序格局原则组建起来的社群，一个恪守礼治秩序的"小家族"。场所、交往、信息、情感，一道道藩篱，由外而内地把男女之间的情感禁锢起来，来"防止性的冲动和僭越"，最终使家族的稳定得以持久。这是对费孝通观点的最好佐证，因为本章第十三段谈道："乡土社会所求的是稳定……男女间的关系必须有一种安排，使他们之间不发生激动性的感情。那就是男女有别的原则。'男女有别'是认定男女间不必求同，在生活上加以隔离。这隔离非但有形的，所谓男女授受不亲，而且是在心理上的……"

2.《古诗为焦仲卿妻作》

①刘兰芝和焦仲卿的爱情，使传统家庭的"事业"受到冲击。费孝通认为浮士德式的两性恋爱，是一项探险，是不停止的追求。刘兰芝聪明能干、多才多艺、知书识礼，这使

她有更多的情感和精神上的渴求，"贱妾留空房，相见常日稀"，她会为不能与丈夫每日相见而愁怨。焦仲卿也将她视为知音，"结发同枕席，黄泉共为友"。他们在情感上的相向而行，使以经济和生育为事业的传统家庭关系出现不稳定。"儿已薄禄相，幸复得此妇"，焦仲卿对爱情的心满意足，削弱了他在仕途上进取的雄心。刘兰芝对情感的渴求也使她不满于整日织布的家庭劳作。这一切自然不会为家庭秩序的维护者焦母所容。

②刘兰芝和焦仲卿的爱情，更威胁到了旧有的家庭秩序。不甘屈辱的刘兰芝提出遣归的要求，在"感情激动"之下，心疼妻子的焦仲卿替她在母亲面前申诉"女行无偏斜，何意致不厚"。在焦仲卿的心中，感情的天平偏向了妻子，这令本来母子相依、母命儿从的旧有家庭秩序受到了冲击。费孝通在本章论述了感情的激动会改变原有的社会关系，"如果要维持着固定的社会关系，就得避免感情的激动"。因此，焦仲卿的行为只会坚定焦母对刘兰芝的态度。

《离婚》

①爱姑婚姻的基础不是男女之间的感情，而是性别的社会分工。费孝通认为乡土社会为求稳定，男女之间"只在行为上按着一定的规则经营分工合作的经济和生育事业，而不向对方希望心理上的契洽"。爱姑的愤愤不平，不是因为对婚姻中男女关系的不舍和眷恋，而是来自其无犯"七出之条"而居然被"出"的不平。她存在于夫家的价值仅仅是为"低头进，低头出，一礼不缺"的封建礼教家庭装点门面。因此，爱姑不顾"体面"的吵闹，使婚姻"事业"破产，自然会被夫家以离婚之

名休掉。

②爱姑反抗离婚的激烈言行，威胁到了旧有的社会秩序。当爱姑感觉自己的人格被侵犯时，她的本能行动是"讨公道"，一级一级地讨上去，甚至放言"那我就拼出一条命，大家家败人亡"。正是这句话，让原本"帮她"的七大人也说出了"一个人总要和气些"这样的话。费孝通在本章讨论"感情"时提到，"动了火"的感情所具有的"动的势"和"紧张的状态"，从社会关系上来说是具有"破坏和创造作用的"。感情的激动会改变原有的关系，而这是求安稳的乡土社会所不能兼容的一种状态。因此，一旦稳定的秩序受到威胁，这样的感情必然会遭到绞杀，被迫离婚就成为必然的结果。

《无讼》拓展阅读

韩非子"以法治国"的理念在现代社会中有其可取之处。韩非子说："法不阿贵，绳不挠曲。"法令不偏袒权贵，绳墨不迁就曲木。惩罚罪过不避开大臣，奖赏善行不漏掉平民。这样有利于国家秩序的稳定，体现了法律的公平，而费孝通在《无讼》中也论证过，在现代社会中，现行法采用个人平等主义，同样要追求公平，这样才有利于社会的稳定。

韩非子的理念在现代社会中又有其不可取之处，他着眼于维护专制统治者的权威，过于强调严刑峻法，没有现代人的平等观念。《无讼》中说，现代社会中，法律是国家为了保护个人权利不受侵犯而制定的。所以现代法制不仅应该维护公平正义，也要保障人权和自由。

费孝通认为中国从乡土社会蜕变为现代社会的过程中，原有的以礼教化的诉讼观念还是根深蒂固地存在于社会意识中，这使现代的司法制度不能彻底地在乡土社会推行。在社会结构和思想观念上，乡土社会要先经历一番改革，否则，单把法律和法庭推行下乡，会有很大的弊端。

【参考译文】

　　一个国家不可能永远强大，也不可能永远衰弱。君主依法办事，国家就强大；君主不依法办事，国家就衰弱。楚庄王曾并吞二十六个国家，开拓三千里疆域；楚庄王抛下国家死去之后，楚国便随之衰弱。齐桓公吞并了三十个国家，开辟了三千里疆土；齐桓公死后，齐国因此衰弱。所以有了楚庄王、齐桓公，楚、齐就可以称霸；如今这些国家都衰败了，是因为它们的群臣官吏都去干那些使国家动荡而不是使国家安定的事情。这些国家本已混乱衰弱了，它们的群臣又都丢掉国法而营私舞弊，这好比背着干柴去救火，国家会更加混乱和衰弱。

　　现在这个时代，能够除掉奸邪谋私之行而遵循国家法令的，老百姓就能安宁，国家就能安定；能杜绝图谋私利的行为而实行国家法令的，军队就会强大，敌人则相对弱小。所以明察得失又有法度的规定，用来驾驭群臣，那么这样的君主就不可能被臣下欺诈；明察得失而又以法度作为标准，以了解远方的事情，那么君主就不可能被天下轻重颠倒的事欺骗。现在如果按声誉选用人才，那么臣下就会背离君主而在下面紧密勾结；如果根据朋党关系来举荐官员，那么老百姓就会致力于结党勾结而不求依法办事。以虚假的名声为依据进行奖赏，以诽谤的流言作为依据施行处罚，那么喜欢奖赏而厌恶处罚的人，就会丢掉国家法定的职责，玩弄个人手段，互相包庇利用。因此忠臣无罪却遭遇危难而死，奸邪之臣没有功劳却坐享安乐利益。这是国家衰亡的根本原因。如果像这样，群臣就会废弃法度而设法捞取个人权势，不把国家的法令当回事了。屡次进出奸臣的家门，一次也不到君主的朝廷去；天天想着私人的好处，一点也不考虑君主、国家的利益。君主的下属官吏虽然很多，但都不是朝廷所需用来尊崇君主的；各职位的官员虽然一应俱全，但却不是君主所需用来承担国家大事的。所以下臣我说：衰亡的国家朝廷中没有人。朝廷里没有人，不是朝廷中的臣子少了；私家致力于互谋私利，不致力于使国家富强；大臣们致力于相互吹捧，不致力于尊崇君主；小臣们拿国家的俸禄去培养私交，不把官员职责当回事。之所以会造成这种局面，是因为君主在上面不依法决断政事，而听凭下面的大臣胡作非为。因此圣明的君主用法制来选拔人才，不凭自己的意愿来用人；按法制来考核臣下的功绩，而不靠自己的主观来推测。有才能的人不被埋没，坏人坏事无从掩饰，徒有虚名的人不能进用，（无辜）遭受诽谤的人不被免职，那么君主就能明辨臣下的功过是非而国家就容易治理，所以君主依法办事就可以了。

所以说：高明的木匠用肉眼测度木材也合乎绳墨的标准，但首先一定要用规和矩作为标准；智慧极高的人很快就能把事情做得合乎要求，但必须用先王的法制作为依据。所以用法令来治国，就是用法令作为标准衡量事物罢了。法令不偏袒权贵，绳墨不迁就曲木。法令该制裁的，智者不能逃避，勇者不敢抗争。惩罚罪过不避开大臣，奖赏善行不漏掉平民。因此矫正君主的过失，追究臣民的奸邪，治理混乱而判断谬误，统一人们的行为使其合乎规范，没有比法令更好的了。整治官吏而威慑民众，遏止放浪懈怠的行为，制止诈伪的发生，没有比刑罚更顶用的了。刑罚严厉，臣下就不敢凭地位高轻视地位低的人；法令严明，君主就能受到尊崇而不受侵犯。君主得到尊崇而不被侵犯，那么君主就会强势而掌握治国的大权，所以先王把法令看得很重并将它传下来。君主如果放弃法制而用私意办事，那君臣就没有区别了。

《无为政治》拓展阅读

费孝通认为，在乡土社会中，由于经济条件的拘束，横暴权力的影响并不明显，因此它是无为的。横暴权力是维持支配与被支配关系所必需的手段，它是压迫性质的，是上下之别。《平凡的世界》中曾写到，双水村禾场上夏田作物少得可怜，"每家分走的麦子，简直不够填牙缝"，这种经济条件的限制，也迫使身为大队书记的田福堂并不能用自己手中的权力制止孙少安带领村民推行农村生产责任制，田福堂自己感慨，"多少年，他靠集体活得舒心爽气，家业发达"，但此时的双水村非常贫困，他以大队书记身份实施的横暴权力，也注定是无为的，正如费孝通在《无为政治》的结尾所说："乡土社会里的权力结构，虽则名义上可以说是'专制''独裁'，但是除了自己不想持续的末代皇帝之外，在人民实际生活上看，是松弛和微弱的，是挂名的，是无为的。"